华尔街经典译丛·04



# 江恩股市定律

——用成功交易和投资的规则与图表对股票市场和商品期货市场进行的研究

(第二版)

[美] 威廉·D·江恩 著

何 君 译

地震出版社
Seismological Press

**图书在版编目（CIP）数据**

江恩股市定律/（美）江恩著；何君译．—2 版．
—北京：地震出版社，2015．2（2022．3 重印）
书名原文：Truth of the Stock Tape
ISBN 978-7-5028-4174-3

Ⅰ．①江… Ⅱ．①江…②何… Ⅲ．①股票投资－基本知识
Ⅳ．①F830．91

中国版本图书馆 CIP 数据核字（2015）第 006297 号

**地震版** XM5193

**江恩股市定律（第二版）**
［美］威廉·D·江恩 著
何 君 译
**责任编辑：朱 叶**
**责任校对：孔景宽**

---

出版发行：地震出版社
北京市海淀区民族大学南路 9 号　邮编：100081
发行部：68423031 68467991　传真：68467991
总编办：68462709 68423029
证券图书事业部：68426052
http：//seismologicalpress．com
E-mail：zqbj68426052@163．com
经销：全国各地新华书店
印刷：北京广达印刷有限公司

---

版（印）次：2015 年 2 月第二版 2022 年 3 月第五次印刷
开本：787×1092 1/16
字数：171 千字
印张：10．75
书号：ISBN 978-7-5028-4171-3/F（4859）
定价：28．00 元

# 原作者序

“你们当受我的教训，不受白银。宁得知识，胜过黄金。因为智慧比宝石更美。一切可喜爱的，都不足与之比较。”

——摘自《旧约》——箴言——第8章10—11

当谈到利用“闲置资金”进行投资时，这与我选择其他任何的话题都不一样。这个话题与我们的福祉休戚相关，读者也能从我的指导中获得有价值的帮助。

在美国，有高达数以百万美元的惊人财富都浪费在愚蠢的投机和不明智的投资上。追根溯源，这种没意义的浪费原因只有一个，就是缺少专业知识。人们不会忽视自己身上哪怕最轻微的疾病，甚至对于修理厨房下水道这样的事儿，都要找专业人士（医生或者水管工人），但他们常常在没有任何准备的情况下，因一时冲动而把几千美元投资在一家自己完全不了解的企业上。这样的行为除了遭受金钱损失还有什么可奇怪的呢？

我会像医生一样用专业的精神，为你在投机交易和投资活动方面提供专业的建议和意见。医生不会保证你长生不老，也不会确保你远离普通人经常遇到的疾病。但是，在你得了疾病的时候，他会运用自己的能力和知识为你提供专业的帮助。这些能力和知识是经过多年积累和准备的。同样的，我不会提供给你一套不能在实践中起作用的完美理论。但是，我会提供给你一些无价的忠告，遵循这些忠告，你就能在华尔街的日常交易中或者其他的投资领域里战无不胜。

一名作者总是把赚钱放在第一，把自己作品的质量放在第二，那么他不会获得永久的声誉；一名推销员自己对自己的产品都没有信心，那么他是不可能销售成功的。这样的话已经被很多人讲过了。我坚信自己书中所写的理论和交易规则，因为我已经用投资实践验证过了。

本书的目的在于简化和精炼投资实践的基本理论。我的知识来源于20多年的实践经验，这段历程是艰苦和曲折的，也是每一个成功者必须经历的。因此本书的目的就在于给予公众一些切实可行的新东西，而不是纸上谈兵的空洞理论。

把这本书仔细地阅读几遍。把每一张图表、每一个主题研究透彻，每次阅读的时候你都会有一些新的理解和感悟。

即使我仅仅能成功地引导很少的一部分人远离愚蠢的投机活动，走上稳健的投资之路，我的努力就算没有白费，我所做的工作也就算得到了巨大的回报。

**威廉·D·江恩**

**1923年1月27日于纽约**

# 译 者 序

100 多年来，各式各样的证券交易类图书汗牛充栋。翻译完《江恩股市定律》[①] 之后，我个人认为，1923 年出版的这本小册子或许是迄今为止**最合适普通交易者**的图书，也是学习江恩先生交易技术的第一本入门书。

本书是典型的“牛刀杀鸡”之作。江恩先生的证券预测和交易技术玄妙而神奇，但是他在本书中举重若轻，用最恰当的方式，认认真真地为普通的交易者撰写了关于**如何在交易与投资中获得成功**的指南。正如江恩先生在前言中所说的那样：*本书的目的在于简化和精炼投资实践的基本理论……给予公众一些切实可行的新东西，而不是纸上谈兵的空洞理论。*

江恩先生完全站在普通交易者的角度，清晰、准确地向公众阐述了市场的运行原理与规律，以及切实有效的实战交易规则。所有的这些，都经过了江恩自己在市场中实际交易的验证。尽管本书没有直接涉及江恩神奇技术的术语与方法，但是万变不离其宗，所有的观点与交易规则都是基于神奇的“江恩预测术与操盘术”。

在翻译本书的过程中我受益良多，最大的感悟就是“交易要有重点”。俗话说，外行看热闹，内行看门道。“门道”就是专业人员必须留意的重点。在本书中，江恩先生耐心细致地引导读者如何确定交易这门生意的重点所在，以及特定重点涉及

① 注：英文原文为 *Truth of the Stock Tape*，也可以翻译为《盘势背后的真理》。

的关键知识和核心交易法则，帮助读者从外行变成真正的内行。江恩在本书中主要阐述了以下内容：

——盘势解读的重点是什么；
——操作方法的重点是什么；
——判断趋势的重点什么；
——选择交易品种的重点是什么。

江恩先生用交易的重点为线索，化繁为简，把整个交易过程非常简洁和实用，不讲任何空洞的大道理，只告诉读者如何在交易中盈利的交易规则。事实上，从我自己对于交易的认识来说，如果一个交易者理解并掌握了本书内容的80%，理论上就完全可以在任何市场中一致性盈利了。也正是基于这个理由，我相信本书对于任何交易者，无论是新人还是老手，都是一本真正有价值的图书，值得反复阅读和揣摩。

**用正确的角度去观察市场，随后提出正确的问题；接下来找到解决问题的正确方法；然后按照正确的方法重复做，**这就是江恩先生奉献给所有读者的珍贵礼物。因此，如果你是新股民，那么恭喜你，因为你不会走任何弯路，从一开始就会走上正确的道路；如果你是老股民，同样也要恭喜你，因为你从此可以不再走弯路了，成功的大门就在你的眼前。

本书第四部分阐述了商品期货的交易规则。事实上，由于在美国股市的交易制度中，投资者既可以采用保证金的方式买进或是卖出；还可以进行做多或是做空的双向操作，基本上跟中国商品期货的交易没有什么差异。因此，江恩先生所有的著作均适合包括商品期货在内的证券交易领域，并不仅仅局限于股市。

**何　君**

**2012年6月于北京**

# 关于江恩著作翻译中的技术术语说明

江恩先生在其所有的著作中反复强调了一点：交易者与医生、律师一样，都是专业人士；交易技术也与医学、法律一样，都是严谨的科学。江恩先生非常在意术语的**规范使用**，他采用清晰和准确的**术语作为基础**，严谨地阐述了自己的交易思想和交易技术体系。

在翻译江恩先生著作的过程中，术语的翻译与规范一直是难点和重点。首先是江恩先生的交易技术自成体系，并由于时间的原因导致他在使用术语的时候一定程度上与现在流行的表达方式有差异。第二个原因是东西方在语言和思维的差异，西方文字偏重于精确，东方语言则侧重于形象，因此如果直接使用流行的中文术语就很难精确表达江恩先生的技术细节，很容易导致译文读起来很是热闹，关键的“门道”则被忽略掉了。

我在第一次阅读江恩先生著作的英文版时就意识到了这个问题，例如仅仅是关于下跌，江恩先生就使用了多种术语，这些术语非常自然地把下跌分为了不同的具体类型，因此也正是这些规范的并且与**实际操作密切相关的术语**，帮助了读者正确理解江恩先生描述的**真正市场形态**。如果能够在译文中规范地使用术语，就能**最大限度地用中文再现江恩先生的本义**。正是基于这个考虑，为了读者更好理解原著中交易技术的细节，我特意将江恩著作中最主要的技术术语解释放在了全书的最前面。

**盘势**（*Tape*）——英文本身是指早期股票报价机的价格纸带。这个词汇有人翻译为“大盘”，这个是不妥当的。盘势是指盘面上所有情况的意思，包括大盘、不同股票板块和个股的价位、时间周期、成交量、波动区间等所有的相关信息，以及这些信息综合起来传达的特定技术信号。

**图表**（*Chart*）——有人翻译为“走势图”。尽管走势图是中文中最常见的术语，但是由于江恩理论的复杂性，有各种各样的图表，仅仅用“走势图”是不恰当的，因此本书采用了“图表”这个术语。

**强弱形态**（*Position*）——在绝大多数情况下，江恩使用这个词汇是指市场整体或是个股技术形态的强弱；很少的时候是指价格空间的相对位置。

**停留在狭窄的交易区间**（*Held in a narrow trading range*）——这是江恩用来特指非趋势期间的市场表现，一般与吸筹或是派发对应。

**吸筹**（*Accumulation*）——股票筹码从分散到集中的过程。

**派发**（*Distribution*）——股票筹码从集中到分散的过程。

**股票变现或是套现**（*Liquidation*）——有人翻译为“清算”。江恩是指由持仓状态转为持币状态。

**急促下跌**（*Rapid decline*）——日线级别上的持续下跌，通常为阶段性高点的回调。

**陡直下跌**（*Sharp decline*）——短时间周期内的大幅下跌，因此下跌的角度非常大。通常是阶段性见顶后，或是下跌过程中窄幅横盘后向下突破的起始部分。其特点是下跌快速、幅度大。

**暴跌**（*Drastic decline*）——日线级别以上，至少是周线级别的大幅快速下跌。通常是陡直下跌后出现反弹，其反弹又确认了前一个顶部或是反弹高点为最终顶部后的主要趋势变化。

**恐慌性下跌**（*Panicky decline*）——由特定消息导致市场参与者出现恐慌性心理而形成的。一般是第一段下跌后的第二段“多杀多”加速下跌段。在阐述基本面用到这个术语时，主要是指公众超买之后出现大利空，或是长期下跌之后出现大利空的市场表现。

**陡直崩跌**（*Sharp break*）——江恩一般用 *break* 表达向下突破。陡直崩跌是指从顶部直接跌破了顶部区间的最低点，并持续下跌的情形。

**逐步下跌**（*Gradually declined*）——类似“阴跌”，主要是由于供求关系失衡的原因导致的。

**修正性下跌**（*Correction decline*）——主要趋势向上期间的正常回调。

**收窄**（*Narrows down*）——这是描述临近底部的一个重要术语。意思是指在下跌的最后阶段，小周期下跌和反弹的幅度都越来越小。

**彻底清洗**（*Clean－out*）——下跌趋势尾声阶段，市场在基本面和技术面的共同作用下，促使长期的多头卖出筹码的情形，通常会形成“空头陷阱”。

**阻力位**（*Panicky decline*）——在西方的交易技术中，支撑位和阻力位都可以使用这个术语。

**穿越**（*Crossed*）——价格或是点数上行并超过了先前顶部的价格或是点数，通常情况可理解为向上突破。

**弹升**（*Rebounded*）——陡直下跌后的快速反弹，比通常的“反弹”力度要强很多，一般是指V形底右边的走势。

**佯动**（*False moves*）——与主要趋势相反的小型逆向运动，也就是窄幅横盘时的假突破。

**加码**（*Pyramid*）——江恩通常采用等比加仓法，并且在加码一定次数后买进的数量还要降低。

**最后重要的冲刺**（*Final grand rush*）——这是指特定时间周期上以7～10个时间单位的几近于失控的上涨。这个阶段既是最能盈利的阶段，也是赶顶的阶段，随后通常是陡直下跌。

**急促反弹**（*Swift rally*）——与陡直下跌对应的逆向反弹，与通常说的“脉冲上涨”类似。

**温和反弹**（*Moderate rally*）——中规中矩反弹，主要是指主要趋势向下期间的逆向小型趋势，通常是由小时间周期因素导致的。

**最高点**（*High*）——一轮趋势的阶段性新高，或是先前趋势中的阶段性高点。

**顶部**（*Top*）——在江恩中级理论中，顶部是一个区间，是由一系列的最高点和回调低点形成的区间。在初级理论中，有时候与最高点的意义一样。但是要注意在直接提出“单顶”、“双顶”和“三重顶”的时候，技术上的价格区间就会非常狭窄，与前面顶部的定义不一样的。

**极限高点**（*Extreme high*）——顶部区间的最高点。极限高点和极限低点时江恩理论中独特的术语，这是与江恩高级理论的精确预测法有关系的一个术语。

**老顶**（*Old top*）——先前趋势中的各个顶部。

**最低点**（*Low*）——与最高点对应的术语。

**底部**（*Bottom*）——与顶部对应的术语。

**老底**（*Old bottom*）——与老顶对应的术语。

**极限低点**（*Extreme low*）——与极限高点对应的术语。

**时间周期**（*period of time*）——在特定的周期级别的图表上，从一个极限（高或是低）点到另外一个极限（高或是低）运行的时间长度。

**时间趋势**（*Time trend*）——在同时间周期的图表上，从一个顶部到接下来的底部，或是从一个底部到接下来的顶部为一次摆动。不同摆动经历的时间周期的长短进行相互比较，就是在进行时间趋势的判断。

**前**（*Late*）——通常是指同时间周期图表中相邻摆动形成的顶部或是底部；有时候是指主要趋势运动中最后一轮小型趋势形成的顶部或是底部。

# 目　录

## 第四部分　商品期货

# 图 表

# 第一部分　为交易做好准备

> 没人能理解自己毫不关心的东西，即使目标就在眼前。一个化学家可能把他最珍贵的秘密告诉一个木匠，因为木匠不会理解这个秘密；另一个化学家即使用一座农庄和他交换，也不会把这个秘密与他分享。
>
> ——爱默生

1917 年，美国被迫参加了对德战争。从各个方面传来的消息都是“我们还没做好准备”。威尔逊总统采取“观望与等待”的政策替代了准备工作，使我们在没有任何准备的情况下就卷入了战争。

律师、医生、工程师和其他专业人士要想赚钱，必须花 2～5 年时间去学习和准备，并且在这个过程中获得成功。

人们常常在没有任何准备的情况下，就在华尔街进行投机交易。不做任何专业研究，就想当然地处理完全陌生的事情，遭受金钱损失一点儿也不奇怪。

轻易就相信内幕消息、传言、报纸言论和所谓“内部信息”的投机者和投资者根本没有任何机会获得成功。只有严格地遵循一套精心制订的、建立在科学的供求关系基础之上的投资计划，才能获得成功。除此之外一定会遭受损失。

拥有了在华尔街 20 多年的学习和工作经历，我才有能力为读者提供一整套清晰、实用的交易规则和指导。如果你遵循它们，它们就会带你走向成功之路。

一个人只有愿意从过去的经验中吸取教训，才能取得伟大的成就。没有耕耘就没有收获，要想成功就必须付出时间、金钱或是知识。

# 第一章　什么是盘势解读

盘势解读就是研究股票的波动，也就是根据一只股票的行情报价单，运用自身的能力判断该股是处于强势形态还是弱势形态；并在关键时刻决定买进或是卖出。当股票表现不活跃并且并没有明确趋势的时候，我们也必须有能力判断出来。

盘势解读很大程度是一种心理过程，因为心理活动与视觉、味觉、听觉和感觉都是互相影响的。在解读盘势的时候，我们一边在看，一边也在感觉。这种感觉很难用语言描述，也很难解释清楚原因，人们常常叫它“直觉”。

什么是直觉？我们经常听交易者说“我是用直觉进行股票买卖”。对于直觉，我给出的最好定义是“瞬间推理”，就是没经过有意识的逻辑推理，就瞬间知道结果了。利用直觉的最好方法是快速行动，不要停下来去推理或问为什么。这是一名优秀的盘势解读者应当做到的。

盘势记录着全国经济领域各行各业的发展趋势。它是统治者，是商人和社会大众的希望、梦想和恐惧的浓缩；它是经济的晴雨表，是商业上的可靠向导。能否正确地解读盘势也是难点所在。**只要能正确地解读盘势，就会知道真相。**

盘势解读需要强大的意志力和冷静的头脑。我们不要受新闻消息、市场传言、内幕消息和谣言的影响，一旦看清市场的趋势就不要改变，除非表明盘势出现了变化。能够准确地解读盘势是一回事；判断之后能果断行动则是另外一个主题，我将在后面的章节阐述后一个主题。

# 第二章　在华尔街可以赚钱吗？ 我们能战胜市场吗

你一定听说过这样的股市谚语：“100 个人进入华尔街，99 个赔钱出来。”很显然，100 个人之中至少有 1 个人会获胜。因此我的回答是华尔街是能被打败的，只要采取谨慎的方法，并精心选择一些股票，在华尔街进行投机或是投资是可以盈利的。

如何做才能达到这一点呢？答案就是我们必须掌握知识和科学的操作方法。了解！了解!！再了解!!！一定要比周围的人和普通投资者掌握的更多。观察华尔街的成功者是怎样获得财富的；然后照着他们的方式去做就好了。记住：“知识就是力量。”

统计资料显示：98％的商人迟早会失败。那为什么还有那么多的人去经商呢？原因很简单，确实有 2％的人赚钱了，并且守住了财富。

现在你问自己这样一个问题，“人们在华尔街赔掉的钱到底被谁赚走了？”股市中的财富没有凭空蒸发，有人赔掉 1 美元就会有人赚了 1 美元。要确保自己赚到钱，就必须向那些“使我们赔钱的人”学习，按照他们的方法交易，你也才能赚到别人的钱。请记住一点，你每次买进的股票都是别人卖出的；你每次卖出的股票都被别人买去了。

为什么大部分股票交易者最后都以赔钱告终呢？因为他们常常是根据报纸上的安慰性文字、骗人的内幕消息和所谓的内部信息进行猜测。他们从来不做安全的投资，只愿意用 10～15 个点保证金去赌博。他们总是在接近顶部时买进，这样，自然没有任何事情能够阻止他们赔钱。

普通投资者通常不会进行卖空操作，因此当熊市来临时总是出错。当投资者买进股票就会亏损，同时又拒绝卖空时，自然就会懊恼地回想过去，“如果我买进后很快卖出，就能赚很多钱了。”与其懊悔为什么不去学习卖空呢（在本书的后面，我会证明卖空操作是一种既安全又实用的方法）？

纽约证券交易所现在有 700 多只股票。如果按照类别区分，可以划分成 20 多个板块。如果对每个板块中的每只个股的表现都进行仔细研究，工作量显得就太大了。因此，如果我们想要赚钱，与其交易任何板块中的所有股票，不如在几个板块中进行交易。

盘势解读需要耐心和专注。一个人不可能同时关注 10 件事情，更别说 700 多件了。**成功的投资在于精选个股，并且始终如一地关注它们。**

# 第三章　如何解读盘势

在普通投资者中，尤其是在纽约以外的城市中，流行着错误的观点：盘势解读就应当一直站在自动报价机面前，盯住股票行情的每一笔报价单。这样做就大错特错了。

优秀的盘势解读者很少，同时也非常罕见，只有付出毕生的精力才能达到那样的水平。就算盘势表明了市场的趋势，盘面上依然会有大量的小型变化和快速的逆转，因此普通投资者也很难辨别就是大趋势逆转了；还是仅仅持续几个小时、几天或几周后就要再次恢复主要的趋势的小型变化。

如果一个交易者进入股票经纪人的办公室去观察盘势，他就会发现少则两三个，多则达到 10 多个人，大家站在自动报价机前，不停地讨论着他们听到关于不同股票的各种传闻；里面还充斥着自动收录机的新闻、市场上的街谈巷议和互相传递的买卖信息，在喧嚣的环境下想安静片刻都不可能。在这样喧闹的环境中，恐怕 100 万人中没有 1 个人能准确说出股市未来的走势究竟会怎样。即使有一个交易者正确地买进或是卖出一只股票，在交易时肯定会受到周围人的影响，导致不能在正确的时间采取行动。因此，在经纪人办公室里的交易者是不可能战胜市场的。

一个人无论内心多么坚强，都会无意识或有意识地受到外界事物的影响，行为也会跟着发生变化。为了防止受到外界的影响，少数的几个大户，如利弗莫尔①，都建立了私人交易室。这样的屋子设有私人使用的自

① 译注：利弗莫尔是《股票作手回忆录》中的原型。

动报价机，坐在里面就可以远离外界的消极影响，远离那些自己不想听到的声音，全神贯注地观察盘势。专用的自动报价机，私人交易室，不受外界任何干扰的环境，必须拥有巨额财富才可以做到，这不是普通投资者能负担得起的。

因此，**我们必须掌握如何在不看或者说不时刻盯盘的情况下解读盘势的方法。**股市重要运动，也就是一轮长期的摆动都需要几周甚至几个月的准备时间，以便完成吸筹或是派发。大行情开始运行后的一两天，普通的投资者会有充分的时间进行买进或是卖出操作的。因此，观察股市行情没必要每天、每小时盯着盘势看。收市之后盘势解读更容易，效果也更好。盘势记录的是股票价格的变化，只要把每个交易日的最高价和最低价记录下来，我们就一定能从中做出准确的判断。

股市的运动建立在供求关系基础之上。股票向上或是向下的运动需要对应或大或小的成交量配合。成交量与股市的关系就好比蒸汽与蒸汽机、汽油与汽车的关系。成交量是驱动股价上涨或是下跌的动力。

例如：美国钢铁（United States Steel）有 500 万普通股，大的成交量就会导致价格涨跌的幅度非常大；而通用汽车（General Motors）有 5000 万普通股，它的价格波动幅度通常就会在一个狭窄的区间，即使买进或是卖出 10 万股也不会涨跌 1 个点①；如果鲍德温（Baldwin）出现 10 万股的成交量，股价会有 5～10 个点的涨跌，因为鲍德温只发行了 20 万普通股，是一只典型的小盘股，市场中流通的股票数量最多不会超过 10 万股。

因此，要了解成交量反映的具体市场含义，我们必须首先知道自己交易的这只个股的发行总量和流通总量。墨西哥石油（Mex Pete）用了几年时间就从 50 点涨到 100 点。在同样的时间段内，美国钢铁的涨跌幅度没有超过 10 个点，原因就在于墨西哥石油这只股票的流通总量很小，而美国钢铁的流通总量比它要大得多。

另外，盘势解读者还必须了解特定股票（上市公司）的财务状况究竟是强还是弱。在企业财务状况很好的情况下，交易商和投资者们不会因为一点点负面消息就大量抛售股票；如果大家普遍认为这只股票没有太大的

① 译注：美国股市中，1 个点就是 1 美元。

内在价值，它的价格很难长时间维持在较高的水平。有些股票被认为拥有隐藏的资产，这样的股票被称为**“神秘股”**，投资者们通常满怀希望在这些股票出现利好时大量地买进，在出现利空时大量地卖出，所以这些“神秘股”的股价经常大起大落。

通常，市场对那些需要额外派息或分红的股票总是传闻不断，这种传闻经常持续很长时间，直到企业正式公布分配方案为止。然而，当利好真的兑现时，这种对于股价上涨的预期利好已经被贴现[①]了，股价通常不会像人们期望的那样迅速上涨，反而可能会下跌。

盘势是衡量所有买进或是卖出的最好量具。价格的涨跌调节着供求平衡。**供大于求时，价格就会下跌**到供求相对平衡的价位；到了供求基本平衡的阶段，价格就会进行窄幅波动，往往需要几周，甚至是几个月的时间才能判断下一轮运动的方向。**当供小于求时，价格就会上涨。**

从上述分析来看，那些整天站在自动报价机前的人如何能在一轮大型运动之前判断是否启动了呢？他根本不可能。在大型运动准备期间，自动报价机每天都会愚弄投资者们一两次。在进行吸筹的时候，买进大量的股票是需要一定时间的；在顶部派发大量的股票时也需要一定的时间。1 天、1 周，甚至 1 个月的时间对于一轮大型运动都是不够的。有时候完成吸筹或是派发的过程往往需要几个月甚至 1 年的时间。在这个过程中，我们可以把自己感兴趣的股票走势绘制成一张图表。当一轮大型运动真正开始时，我们的判断就比那些**整天站在自动报价机前**的人要好多了。

## 第四章　盘势是如何愚弄人的

大盘经常愚弄交易者。经常会出现在盘势上看起来最弱势的股票其实是最强势的，因为吸筹正在进行；而在其他时候，一些广受欢迎、非常活跃，并且表现出最强势的股票，实际上是最弱势的，因为大部分投资者都

① 译注：贴现在这里的意思是指股价提前上涨，其上涨就是对后来公布的利好消息的价格反应。

在疯狂地买进时，内部人士已经在悄悄地卖出了。

每天盯着盘势看的人肯定会被“希望”和“恐惧”所左右，他们是不能自我控制的。假定在一个交易日中，市场的表现都很强，投资者关注的那些个股的价格也都在稳步攀升。到了下午2：30，市场开始崩跌。下跌持续了15分钟，全天表现活跃的个股都从最高价附近下跌了1个点。在距离收市时间3：00的前5分钟，它们又下跌了1个点。由于持股的数量比较大，他的判断就会出些错误，因此就会以收盘价全部卖出。到了第二天早上，股价高开½～1个点。为什么会这样呢？原因就是前一交易日的最后半个小时内卖出是非常明显的获利回吐[①]，因为所有在收盘时卖出的人都害怕股票在自己手中过夜，结果必然导致第二天开盘时的股票供应变少，前一交易日的回调并没有干扰或是改变主要的趋势。

整天紧盯盘势的人最大的错误就是频繁交易，甚至在一个交易日内进场或是离场好几次，而每一次交易都要支付佣金。如果每次股价涨跌都进行交易，就算他能够在交易中盈利，也会增加失利的百分比。一个人每年交易300次，也就是说每天都交易1次，平均每次进出就要支付½个点的佣金，这已经不能再低了。这样，每100股的½个点乘以300次，每年就要损失150个点。这样的投资方式怎么可能赚到钱呢！如果1个月交易一次，则一年交易12次。这样一年的佣金就只有6个点，与“剥头皮的人”[②] 的150个点形成了鲜明的对比。

另外，交易者还忽略了一个重要事实：进场或是离场的次数越多，改变自己判断的次数就越多，因此，交易失误的百分比也就越高。无论牛市还是熊市，经常会有与主要趋势相反方向的大型逆向运动，这样的逆向运动一定有大笔的盈利。但是，投资者每天不停地跳进跳出，肯定不能抓住这样的机会。在进行交易之前，一定要耐心等待时机，必须拥有准确的事实依据和充分的理由才能交易。如果仅仅依据希望或是恐惧而在股市里不停地进进出出，不但会经常遭受一些小损失，还会失去很多赚大钱的好机会。通常情况下，日线运动对于市场的主要趋势只有很小的意义。

① 译注：卖出盈利的股票以兑现利润。

② 译注：高频短线交易者。

## 过夜的买进或是卖出指令

通常，外地的交易指令会耽搁一夜，留到下一个交易日执行[1]。如果下一个交易日的买单超过了卖单，开盘后股价会持续上涨 30 多分钟，直到这些买入需求得到满足为止。随后，回调就会出现，股价会跌到开盘价以下，股价随机波动一直到下午 2：30。这个时候场内的交易人员开始平仓。无论是他们选择做多还是卖空，都会决定最后 30 分钟的价格是上涨或是下跌。

别忘了，场内的专业交易人员是不用支付交易佣金的。我们买进一只股票，价格上涨了½个点之后抛出，刨去佣金和税金后几乎没赚钱；同样的情况，场内的专业交易人员就赚了½个点，因为他们省下了佣金。

周日的报纸通常会总结上一周的股市行情，公众在阅读完报纸后就会发出周一早上的买进或是卖出指令。如果这一天的订单数量很大，这些订单会影响开盘后半个小时，甚至一个小时。这段时间过去之后，市场趋势就会逆转。

如果市场在一周中走强，尤其是在后半周，并且周六强势收盘，那么，下周一很可能强势开盘，并在周一开盘后一小时内上涨。因此，当周一强势开盘的时候，我们在买进股票的时候一定格外小心。周日积累的买单在周一早上执行，这些买进需求一旦得到满足，专业人士就会开始卖出。市场在此时就会出现对应这样形态的反应，回调会发生。

即使是在不断上涨的牛市，我们也有机会在周一下午和周二买进便宜货。因为在公众的买进潮得到满足后，专业人士都会在这个时候打压股价。

上面这条交易规则在下跌市场中正好相反。当市场在过去的一周中或是最后 2～3 天处于弱势形态，并且周六又以低价收盘，这样的情形就会迫使公众在周一早盘的前 30 分钟到 1 小时内卖出股票。当抛售压力释放之后，市场就会反弹。因此，在强势反弹的周一卖出和在弱势形态的周一上午买进，都会有利可图。这一交易规则当然也适用于正常情况下的股市。

---

① 译注：这是由美国当时的证券交易条件导致的结果。外地的投资者要通过电话或电报的方式，把自己的交易指令委托给自己的经纪人，经纪人通常会在第二天执行这些交易指令。

## 虚构的希望

还有一点，当一个人在市场做多或者卖空赔钱时，就会本能地希望这笔交易会按照自己的意愿发展。假设某一天早上，这名投资者接到了催缴交易保证金的电话[①]，他告诉股票经纪人，自己要么会在收盘之前增加保证金，要么干脆把股票卖掉。结果等了一天市场也没有出现反弹。差 1 个小时就收盘了，希望变成了失望，他会在收盘时以低价卖出股票，导致市场非常弱势，并以接近底部的价位收盘，因为有成百上千的人也在此时做着同样的事情。

这一条交易规则也适用于在市场上卖空的人。股价从早盘就开始上涨，他们等待回调出现以便回补空单。他们寻找在中午前后的 1 小时出现的一波回调，但是回调并没有出现。再次临近下午 2：00 的时候，市场变得更强了；他们希望的是回调，盼来的却是持续上涨。临近收盘的时候，所有的空头因为害怕不得不买回他们卖空的股票。当然，这样导致市场在当天的顶部收盘，形成一个虚弱的技术性高位。第二天，回调出现了。

一个交易者要想获得成功就必须研究人性，并且要与公众做相反的事情。下跌的第 1 天，没人会太在意，因为公众会认为这是正常的回调。市场通常会在周三开始下跌；如果周四仍然继续下跌，投资者会严阵以待，密切关注，并认为在下一次反弹时卖出会更好一些；到了周五，不但没有反弹，股票反而变得更疲弱了。为什么会出现这种现象呢？因为在下跌开始的第 1 天或是第 2 天没有卖出的人会在第 3 天卖出。因此在周六，大众将会因为恐惧而决定卖出股票，都不愿意在周日持股。结果就导致价格在周六的最后 1 个小时出现严重的崩跌[②]，并以接近底部的价格收盘。聪明的交易者或是盘势解读者就会懂得，在第 1 天出现第一个弱势标志就应当卖出自己的头寸，而不是等到每个人都想卖出时再行动。

这条交易规则同样也适用于持续几周、几个月的下跌或是上涨。市场

---

① 译注：当时美国股票交易采用保证金制度，与现在国内期货交易制度类似。

② 译注：这样的崩跌是小周期级别的。

在一个方向上持续的时间越长，最后阶段的交易量也就越大[①]。**当市场上涨或下跌时，投资者的希望和恐惧也在不断累积。**大多数的人在交易的时候**受希望和恐怖的影响，而不是基于合理的判断。**

## 股市贴现未来的事件

股市是反映经济状况的晴雨表，股价几乎总是提前6～12个月反映经济状况。首先债券价格上涨，其次是股价上涨，最后是经济开始繁荣起来。经济下滑时也是一样，当经济状况看起来还是蒸蒸日上时，股价可能已经下跌6～8个月了，因为股价正在贴现未来的经济萧条。

通常，公众很难知晓许多影响市场运动，也就是主要的摆动的因素。大多数情况下，一些重要的消息，在公布之前就已经被贴现了，在公众知晓后很少会产生什么作用。单就对于股市的影响而言，无论是利好还是利空，只要这些消息一经公布，通常也就没有什么效果了。

例如：一只股票的年报公布后，无论反应的财务状况是好是坏，通常股价不会上涨或是下跌，原因就在于这些信息在30～90天之前就被内部人士知晓了，这对于他们来说已经不是新闻了。因此，当普通投资者知道消息时，再打算行动已经太晚了，内部人士“知道”已经提前反映在股价上了。

如果突然爆发利空消息并且股票被大量抛售，随后预计市场将会走低就是安全的。普通投资者在买进做多的时候，内部人士已经在抛售了。同样利好消息公布后，股价没有上涨，反而开始下跌，这表明利好已经提前兑现了。我们绘制的图表，这个时候会表明市场现在究竟是处于吸筹期还是派发期。

## 出人意料的突发消息

有些时候，在没有任何预兆的情况下会发生各种各样的突发事件。1906年的旧金山大地震就是这样的例子，无论公众还是内部人士都不可能

---

① 译注：由于美国有卖空机制，股价在底部时由于空头的回补，加上多头的逢低买进，成交量通常增大。

提前预测地震的发生。地震导致了巨大的财产损失和破坏。灾难发生以后股市立即崩跌，下跌持续了好几周，一直到把地震带来的各种利空完全消化。对于这种突发事件，市场没有任何时间做准备，其造成的损失和影响只有在事件发生之后才被人们真正感受到。

1917 年 2 月 3 日，在没有任何预兆的情况下德国突然宣布对美国发动 U 型潜艇战。美国人对这件事没有任何心理准备。无论是社会大众还是专业人士都没有预料到会出现这样的巨变。消息一经传出，所有人都断定美国一定会参加对德战争。然而，这条利空消息在突袭市场前没有被贴现，并且市场也没有评估这件事情的影响力。结果，当天股价全部低开 5～20 个点，由于有支撑性和空头回补的买进指令为市场提供足够的支撑，开盘 1 小时后止住了下跌势头。

突发事件发生之后会导致股市大幅高开或是低开，并且进行宽幅波动。这时最好是卖出股票或是空头回补，然后等待。这样操作就与市场大户步伐一致了。2 月 3 日当天，股市因沉重的抛压而大幅低开后，我们就应当观察 30 分钟，发现价格实际上并没有比开盘价低多少，这就表明在开盘价这个位置获得了支撑，并且会有反弹出现。如果你在卖空，最好就及时在市场平仓，随后等待并观察股票在当天和下一个交易日出现的反弹中表现如何。如果反弹幅度很小，股票又再次轻易地下跌，并且跌破坏消息出来那天的最低价，这就是股价将会继续走低的标志。

## 选　举

如果对历次总统大选年的股市行情进行回顾，并研究一下选举之前、选举期间和选举结果出来之后的市场表现，以及在图表上的形态，你会发现这样做很有价值。大多数情况下，无论出现什么样利好或利空事件，都已经提前贴现了。

除了有时候因恐慌而导致剧烈下跌之外，选举年很少有什么特别的表现。通常每到这一年，公众情绪就会变得很复杂。人们认为民主党会赢得选举时市场就会开始贴现这个预期。然而，无论是民主党还是共和党当选其实并没有什么不同。如果股票已经派发到公众手中，即使是共和党执政，股价一样会下跌。事实上，无论共和党入主白宫还是民主党大权在握，我们都会产生同样多的恐慌。市场的表现完全取决于股价当时处于什么样的价位，以及全国的形势如何。盘势会将这些事情清楚地记录下来，而我们绘制的图表就会显示出来。如果没有，我们就要一直等到确切的标志出现。

1896 年的 7、8 月间，市场出现了一轮极端的下跌，也就是被人们称为“白银恐慌”。整个国家都陷入恐慌之中，并确定 Wm·J·布莱恩会赢得总统选举，这样人们的白银梦想就能够实现了。投资者和交易者不顾股票本身的价值而抛售。1896 年 8 月 8 日，工业股和铁路股平均指数下跌到了迄今为止的最低点。

1912 年，威尔逊①第一次当选总统。大选之前的 9、10 月份股市一直在上涨，因为共和党已经断言民主党不会赢得选举。因此，共和党没有制造令人恐慌的消息来促使公众抛售股票。威尔逊当选总统的消息对于那些担心“民主人士”会毁掉国家的人的确是一个意外事件，因此他们卖出股票以贴现这一事件。随后，第一次世界大战在 1914 年爆发了，股票变现的结束导致情形变得甚至比其将要发生时更为糟糕。然而，即使是共和党人当选总统，这次股市下跌也一样会发生，因为没有什么正当和充分的理由让股价处于这样的高位，而且市场已经由强势转为弱势。在选举期间，全国的普遍形势也不足以支撑股票维持目前的价位。

## 大选之后的反弹

每当进行任何重要选举的时候，无论总统大选还是其他选举，市场都会对其进行合适的贴现。通常情况下，如果全国的公众都认为这一事件是利好，自然会在选举结果出来后的第二天发出买进指令。在这些需求得到满足之前，股市都表现强劲。选举结果出来之后，我们应当等上两三天，看看股市是否持续沿着选举前的方向运动。威尔逊首次赢得选举后的第一天，股市仍然保持强势；而在公众的买进指令得到满足后就立即开始下跌了。因此，在选举之后的反弹顶部买进时要非常谨慎。同样的道理，如果

---

① 译注：民主党总统候选人。

在选举后的一两天或是第三天，股价低开低走，进行卖空操作时同样要谨慎，这可能仅仅是公众因为恐慌而正在抛售股票，而市场可能会在内部人士的支撑下开始一轮上涨。

## 第五章　股票是如何卖出的

当一家新公司成立后就需要筹措资金，就必须把股票出售给公众。出售股票的方法与商人销售其他商品没有任何差别。精明的商家为自己销售的商品打广告；而出售股票的广告则由操作集团负责。当他们希望派发股票，也就是把股票从他们自己手上兜售给公众的时候，他们就会千方百计在报纸上给这只股票做广告，大肆宣传股票的升值空间，竭尽所能吸引公众的注意力。

股价大幅度地波动与交易的活跃性是吸引公众参与特定股票交易的必要条件。一只价格 40 美元左右的股票在 5～6 个点的区间波动 3～4 个月很难吸引投资者的注意力。但是当同一只股票的价格上涨到了 150 点左右，并且每天都波动5～10 个点时，所有的人都会议论这只股票。他们看到了获得大笔盈利的大好机会，纷纷交易这只股票。结果就是投资者在大强度的宣传与广告的诱导下，高价买进了所有的股票。随后，下跌开始了。投资者怀着希望紧紧地拿着高价买进的股票，只是市场上很少再议论这只股票了。这个过程一直持续到该股接近底部，此时所有的利空消息都出完了，每个人又都开始议论这只股票了。

### 希望衍生出观念

当我们看到任何人发表个人观点的时候，不管是报社的记者还是银行的总裁，抑或是大公司的老板，都应当仔细考虑一下其观点的倾向性。尤其当他发布利好消息的时候，通常是他有东西要兜售给公众，因为他不大可能表达对自己业务有负面作用的话。

多年前，华尔街有一位B先生。他收集了大量的信息，并时常给报纸写点文章。B先生的知名度很高，是各经纪商的常客。交易员急切地想知道他的看法。他们会问："B先生，您对太平洋联盟（Union Pacific）这只股票怎么看？"他会回答说："我认为它会上涨。无论什么原因，我都希望它能上涨，因为我持有这只股票很久了。"此刻，你清楚了B先生认为这只股票会上涨的真正原因所在。他持有一些这只股票，就希望并且祈祷这只股票能上涨。他当然不可能会告诉别人，自己感觉这只股票会下跌。如果他真的这样做了，他个人在市场的影响力就会导致这只股票出现抛售潮，其结果将会伤害他自身的利益。

## 过度乐观

如果你连续多年仔细阅读报纸，或者回溯一下这些年来报纸刊载的相关文章，就会发现身为大公司领导者的杰出商业人士总是非常乐观，而且几乎总是乐观派。在恐慌来临时，衰退持续1～5年，股价持续下跌25个点，甚至是超过100个点的情况下，他们依然保持乐观。你会相信这是因为他们的判断出现了巨大的偏差，到此时还不能看到趋势吗？当然不是。他们有东西要兜售，就必须对公众隐瞒自己的真实判断，发表的言论要维护他们自身的利益。

在我的记忆中，我实在想不出美国钢铁（U. S. Steel）公司的官员们什么时候悲观过。然而，这只股票好几次都不能支付股息了，一直处于严重的低迷状态。就从以往的记录来看，这些情形都是该公司主管没有预料到的。

成为一个乐观主义者本身是一件好事情，但在商业领域或者股市中，只有真相才能起到帮助和保护的作用，不能有虚幻的期望和没有根源的乐观。希望本身并不能保证你免除被电话催缴保证金的恐慌。摆脱这类令人不快境遇的唯一方法就是跟随市场的趋势而不是对抗趋势。

报纸通常会反对刊载任何悲观性质的言论。1920年和1921年，我发表了自己对宏观经济的预测，我的依据来源于真实和科学的事实。根据我的预测，在1920～1921年，会出现非常令人沮丧的局面。绝大多数报纸拒绝刊载我的预测，然而我的预测在随后的时间内都准确地应验了。

凡事预则立！在市场危机发生之前就告诉公众，并让公众提前有所准备，自然要比危机发生了之后再告诉公众更好（报纸总是如此）。一切的麻烦都是报纸的行事方式造成的。有其果必有其因，在公众意识到结果之前，原因早就存在了。正确的做法是，判断出原因就要立即行动。如果等到亲眼目睹结果的时候，我们在股市上的损失也就不可避免了。

## 鹦鹉学舌的交易者

如果一个人混迹于华尔街时间超过20年，在足够长的时间内观察交易者的言行举止之后，自然就会相信人类的确是由猴子或是猿人进化而来的：普通的交易者只会简单模仿那些头面人物，反复重复他曾经听到过的大人物说过的话，并用这些大人物的观点安慰自己，增强自己的信心、缓解自己的恐惧。

已故的摩根先生曾经说过："做空美国的人会破产。"我经常听到经纪商的办公室里充斥着交易者谈论利好与买进的声音。如果有稳健人士警告他们：牛市中有时候能赚钱，熊市中有时候也能赚钱；唯有贪婪的人不会赚钱。每当这个时候，就会有人说："不要卖空股票。做空美国的人会破产。"摩根先生的远见卓识应当获得每一个商业人士的尊重。摩根先生的这个声明，当时根本不是针对股市而言的。如果他就股市发表观点，他就会说："在股市持续上涨几年的市场顶部，做多的人注定会破产；在股市的底部，卖空的人同样注定会破产。"

如果交易者能具备一点点的普通常识并独立思考，不再模仿他人与盲信报纸上的所有观点，分析一下人们在市场顶部时发表乐观言论的原因与动机；在市场底部时发表悲观言论的根据与理由，自然就能赚到更多的钱了。要想在股市获得成功，就必须独立研究与思考。不管是牛市还是熊市，也不管赞同谁的观点，你最好是要通过研究图表去获得验证。图表显示了盘势透露的情况，反映了市场绝大多数人的观点与预期，而不是某个人或是某一群人的观点，无论他们有多么强势。

标准石油（Standard Oil）的利益关联人可能强烈看多，并且言论也非常乐观。他们可能是真心实意地这样认为，并且为了支持自己的观点也会买进该股。但是，标准石油的报价单记录了所有美国投资者买进或是卖出该股的情况。如果供求的力量显示出大多数人在卖出而只有少数人在买进，该股的价格就会一直下跌，直到需求超过供给后该股才会上涨。

### 时间的信号

圣经中说："凡事都有定期。"所有的自然法则都表明了这点。播种和收获都各有定期，人们不能违背自然法则。一年分为四季，就是告诉我们什么时候是播种的时间，什么时候是收获的季节。人类从不在格陵兰岛的冰原上种橘子，当然也不会期望从佛罗里达州热带河流上采集冰块，因为这样做，季节、时间和地点都不对。同样的道理，股市中的买进与卖出也有各自的定期。时间到了，无论多空双方如何宣扬各自的后市判断，乐观还是悲观，期望还是沮丧，或者是什么坏的报道，都不能迫使股价上涨或是下跌到供求关系制约的极限区域之外。我们要领悟到时间的信号，不要在浪潮即将退却时去追逐最后的回头浪。那些犹豫不决，在最后阶段才买进和卖出的人将遭受损失。

## 第六章　我们的弱点

人贵有自知之明！人们常说，人类最伟大的学问就是对人自身的认识。经历是最好的学校。因此，我们必须在分析错误的原因时要比总结成功的经验时更加谨慎。无论是商业上还是股市中，巨大成功从来都不是一蹴而就的。

伟大人物所达到和保持的高度，
并非是心血来潮一蹴而就；
而是在晚上当同伴都入睡的时候，
他们正努力向上攀登。

蘑菇长得快也烂得快。在股市中凭借运气一夜暴富的人，往往也很难守住到手的财富。古语说得好，“来得容易去得快”。只有那些经过多年实践，从以往的错误中汲取了经验教训，并引以为鉴的人，才能在成功之后守住财富。

要想在投机活动中盈利，就必须战胜自己。你会发现：我们要么是天生的多头，要么是本能的空头。也就是说，我们要么总是希望并相信股价上涨的幅度超过实际的涨幅；要么总是希望并相信股价还会进一步下跌。因此，在交易中我们必须克服自身的弱点，要牢记很多判断根本就算不上是判断，仅仅是我们的天生弱点导致倾向于看多或者是看空。要学会站在正常的角度看待问题，避免夸大牛市或熊市的判断。

有些人会发现自己非常果断并总是充满希望，因此他们往往过度交易；另外一些人则会意识到自己反应迟缓或缺乏勇气，不能在正确的时间进行重仓操作。这些都是我们要克服的弱点。我们要学会如何交易，即当进入股市的时候既不能心存幻想也不能过分恐惧。进场应当是经过深思熟虑的，并根据自己相信的合适规则进行买进或是卖出。同时要牢记，我们可能会犯错误。**保护自己的方法就是在进场交易的同时设置一张止损单。**这样就不必希望股价走势按照自己的意愿发展或者担心股价朝着对自己不利的方向发展了，因为我们知道自己的损失是有限的。即使有亏损，我们还是可以能够进行另外一笔可能有盈利的交易。

# 第七章　基本素质

## 耐　心

耐心是一种美德，尤其是在股市中。我们要尽最大可能拥有这个长处。我们必须有足够的耐心等待合适的时机，不要过于急躁而提前进场。如果买进或者卖出一只股票后，市场的运动对我们有利，就要耐心持有，直到有更好的理由或者更充足的原因再结束交易。绝对不要仅仅因为有盈利就结束交易；也不能丧失耐心而毫无理由地出局。每次行动，无论是开始一笔交易还是结束一笔交易，一定都要有合适的理由作为基础。希望和恐惧都必须打消。不能因为希望股价上涨而买进；也不能害怕股价下跌而卖出。观察自己绘制的图表，弄清楚趋势的方向并跟随它。如果趋势不明朗，我们就要拿出耐心，继续等待好了。

## 勇　气

勇气同耐心一样重要。事实上，勇气就等同于资本。为了获取经验，我曾经破产了 40 多次，也就是说，我有 40 多次赔光了自己所有的钱，但是我从来都没有丧失自己的勇气。多年以前，在试验和测试自己的股市预测方法时，我可能在市场中犯错并损失掉我所有的本金。但是我从来没有寻找过什么“替罪羊”。我会仔细检讨自己是如何出的错，以及什么样的原因导致了亏损。通过这样的方式，每次的错误和损失都能使我获益匪浅，进而完善自己的股市预测方法，最终获得成功。

向后看只会给自己带来无尽的遗憾。我始终坚信要以勇气和希望去面对未来。勇气与希望必须基于合理的原则，才能足以防范重蹈覆辙。在我的职业生涯中，曾经见到很多屡次犯错，并一再蒙受巨大损失的交易者。尽管仍然保留一些资本，但当市场出现机会时，他们已丧失了再次介入市场的勇气。在这样的情况下，勇气比资本更有价值。

## 知　识

在我的早期职业生涯中曾有过几次大的成功，主要是基于好运气。轻松地就赚到了很多钱，也轻易地就花掉或者赔了进去。但是，我从来就没有放弃也没有丧失勇气，每次挫折后我都有所长进，因为我得到了经验。

经验是最好的老师，只有把手伸进火炉中被烧伤过的孩子才会真正懂得什么是疼痛。错误是在所难免的，也没有什么大不了的。只要我们能够从错误中吸取经验教训，错误就是好事情。同样的错误再出现第二次就不应当了。因此，要把每一个错误作为我们取得进步的垫脚石。分析每一次所犯的错误，找到导致亏损的原因，防止在将来的交易中再犯同样的错误。

在以往的投资过程中，无论是成功的经验还是失败的教训，我都不断地从中积累知识。知识是最伟大的力量，因为资本也来自知识。就在几年前，一个经纪人出人意料地突然破产了，我也损失掉所有的钱。一般人都认为我破产了，但是我的一位朋友表达了这样的观点："他现在也许没有钱。但他掌握的关于股市方面的知识就价值几十万美元。他将用很短的时间就能在股市上把知识兑现成美元。"之后的几个月，我用很少的本金就恢复元气了。因为相对以前，我对股市有了更多的理解，并验证了一套预测股市的数学方法。当我的科学预测法表明我的判断是正确的时候，我会果断地紧随着市场加码。如果空怀希望而没有知识的话，结果会是怎样的呢？我就会跟华尔街那些跟随"希望"幻影的投资者一样，永远处于亏损的困境中不得翻身。

## 健康与休息

无论做什么行业，健康的身体都是成功的基本条件。在投机市场中，健康也是获得成功的重要资产之一。一个人一年中至少要有两次暂时停止一切交易，远离股市去度假或者休养一段时间。只有让大脑休息一下，才会有利于做出明智的判断。一个人无论干什么，如果长期从事一件事情，没有任何休息和改变，他的判断力就会出现偏差，容易陷入思维定势，总是片面地看待事情。

无论是做多还是卖空，人类的本性都会让他希望股价走势朝着有利自己的方向发展。因此，我们对那些可能导致行情走势对自己有利的事情加以特殊的强调。只有远离市场，才能看到事情的本来面目，在排除希望和恐惧的影响后，得出没有偏见的判断。那些终日频繁进出股市，时时刻刻都忙着交易的投资者，迟早会亏掉他们所有的钱。

我认识一个依据科学预测在市场赚大钱的交易者，他一年当中交易的次数不会超过 5～6 次[①]。如果他在冬天或初春之际买进一些看涨的股票，这些股票也正如他所期望的上涨，他就会获利了结。随后，他会暂时退出股市，有时候长达几个月。夏天时，如果看到牛市或者熊市开始的迹象，他就会再次进入股市。如果股市按照他的预测发展，他会在随后的几个月跟随趋势加码操作。一旦发现这轮行情有即将结束的信号，他会结束所有交易，兑现所有的利润，就像野天鹅一样，迁徙到温暖的南方。有时，他整个冬天都在佛罗里达打猎、钓鱼；然后到阿肯色州的温泉城享受温暖的温泉；回到华尔街之后，他的健康状态非常好，身体与精神都适合在牛市或者熊市中搏杀。

他经常在自己喜欢的几只股票上采用一种特殊的交易。他仔细研究这些股票，观察这些股票出现他自己认为绝对可靠的特殊信号，只要信号一出现就果断行动。时机未到，他静若处子；时机成熟，他动若脱兔——他冷静、平静、镇定，耐心地等待每一次买进或卖出的时机。

还有一点，他从来不会提前设定盈利的多少，也不会规定离场的具体时间。我经常见他在交易不利时，他会走出去并告诉自己："我得回办公室花一点时间观察这些股票了。"他口中的"一点时间"有时能持续几天甚至几周，之后他才会进行下一次交易。重新交易一定是有充足理由的，第二次交易通常有 90%的可能性会赚钱。我们设想一下，如果他纠缠于第一次交易并希望市场按照他的期望发展，在随后的时间内，他的判断力会因为个人的偏好而变得不可靠。只有退出股市，才能够以公正的角度看待股市。因此，当趋势不明朗时，先退出来，观察并等待。我们的耐心会得到回报的。

---

① 译注：江恩在这里高度赞誉的这个交易者，与他同时代的"股票作手——杰西·利弗莫尔"非常接近。译者倾向于江恩说的就是杰西·利弗莫尔，与江恩同时代最伟大交易者之一。关于杰西·利弗莫尔的事迹、交易思想与方法，读者可以参阅本人翻译的《股票作手回忆录》和《利弗莫尔股票操盘术》这两本书。

# 第二部分 如何交易

最伟大的成就，起初都源于一个梦想。参天的橡树也曾经是一粒种子；翱翔的鸟儿也曾在蛋壳里等待；最美丽的灵魂背后总有一个天使在悸动，梦想着现实。

——阿兰

我们在股市做交易要与建筑师建造房屋、工程师建造桥梁或挖掘隧道一样，开始行动之前一定要有一个周密的计划，然后按照这个计划去操作。

基于一些客观事实，我们可以改变自己的想法或计划。如果仅仅因为期望和恐惧，就认为股市将会有不同的发展而轻易改变的人，是不会在股市上赚钱的。

不要猜测或听信内幕消息。很少有人能从内部人士那里获得有价值的信息。每一笔交易都要有理由，不能依据希望去交易。如果仅仅因为希望而持有一只股票，那么赶快卖出以避免造成亏损。外部环境在变，我们的思想也必须随之而变。

首先要弄清楚一条交易规则是否实用，是否建立在合理的推理基础上。回顾以往的记录，建立使用这条规则的自信心。我所阐述的交易规则和理论的可贵之处就在于，它们都经过实践的检验。读者可以不接受我在这里的说辞，但是一定要审视以往的记录，自行验证这些交易规则。

# 第八章　成功交易的规则

如果你不能遵循一条交易规则，你就不要进行投机或者投资；否则，你一定会赔钱。

学会要么坚守一条规则，要么完全摒弃它。

下列规则请仔细研究，并在你的交易中予以应用：

## 第一条规则：所需要的本金数量

如果你不知道汽车的单位油耗，你就不会驾驶这辆车跑到几百英里外去旅行。然而，很多人开始投机交易时并不了解其中最重要的因素：投机交易是一项事业，以及在这项事业中获得成功所需要的本金。

在股市中，绝对不要试图几个月或一年就可以暴富。一个人用10～20年的时间获得可观的收入就应该相当满足了。经常我们每年都能见到这样的人，他们拥有足够的知识和胆量，只用很少的本金就在很短的时间内赚到大钱。我自己曾经采用加码的方式在短期内获得了巨额利润。但是，这是不可持续的，我也不能保证自己能经常做到。我所告诉大家的是一种安全可靠的方法。如果你能稳健交易而不是疯狂赌博似的投机，采用这个方法就能比世界上其他行业获得更多的盈利。

如果一个人进入一个行业，并在这个行业中赔掉了所有的钱，那么他可能要等几年才能在这个行业或其他别的行业中取得巨额利润。然而，在投机市场上，如果一个人经过仔细研究，年年都可以看到赚大钱的机会。华尔街能提供非同寻常的赚大钱机会，所以普通人在这里变得贪婪、好赌，不知道在真正机会出现之前（耐心）等待。

人们渴望在投机市场赚取比其他行业更多的利润。一个人在其他行业，25％的年利润率就已经很满足了。但是在华尔街，即使每个月翻倍的利润率仍不满足。许多人对银行4％的存款利率很满意，当他们进入华尔街，就期望投入1000美元在两三周之内翻一番。这些人经常用10个点的保证金操作，（其结果）总是输钱。

不要在投机市场期望奇迹发生。在罕见的巨大机会中，你能在运动的底部或是顶部进场，并一路加码而一跃成为富豪，这样的机会几年才会出现一次。然而，股票每年都会出现2～3次极限高点或者低点，你可以在这样的机会中赚取10～40个点的利润。

如果你认为平均每天½个点或是1周3个点盈利太少不值得操心的话。那么，52周盈利就可以达到156个点，也就是说，即使买10股，一年也能赚到1560美元。你要把投机交易当成生意而不是赌博。开始之后，就要一直做下去，切忌采用赌博的方式去押注几次交易，赔了钱就放弃。如果你能在1年之内把1000美元翻一番，连续10年保持这种势头，你将会拥有超过100万美元。

活跃的领涨股每年会有3～4次10～40个点的主要运动。如果你能采用稳健的方式抓住其中一半的机会，盈利就是相当可观了。切不可尝试抓住所有的小型波动，即便是内行的操纵者也很难抓住其中十分之一的小型波动，你又为什么要有这样的期盼呢？

在进入股市之前应当清楚到底需要多少本金，这是一件非常重要的事情。许多交易者错误地认为只要有大约10个点的保证金就足够了，这种想法大错特错。10个点的本金准备的确像是在赌博，而不是进行安全的投机生意。我们只有像在投资别的行业那样使用自己的本金，并切实采用稳健的方式，才能在股市长久生存。

如果要交易100美元甚至更高价位的股票，每100股你就应当准备5000美元；每股50美元左右的股票需要2500美元；每股25美元左右的股票需要1500美元；每股在10～15美元左右的股票需要1000美元。这样数额的本金要求并不是用来防备亏掉10～30个点的股票保证金；而是用来应对小额亏损的。你要将你的每次亏损限制在3个点内，绝对不能超过5个点。

如果你开始交易的时候只有300美元，你在买卖股票的同时就必须下一张3个点的止损单。这样，你的本金就可以为你提供10次交易的机会。假定连续5次交易都赔了，本金就少了一半。但是，如果你下一次交易做对了，获得了15个点的利润，全部亏损就弥补回来了；或者后面做了3次盈利5个点的交易，先前的5次3个点的亏损也能抹平了。

## 第二条规则：限定你的风险

强大的自制力和本金一样重要。如果一个人没有足够的自制力、坚定性和决断力，**用止损单去保护每一次交易，**他最好不要投身股市进行交易，因为这样的人注定会赔钱。

我经常听到一些交易者说："如果我设置了止损单，股价就一定会触及止损点。"然而，他们后来会意识到，止损单发挥作用对自己来说是天大的好事。事实上，在发生亏损时及时退出是最正确的选择。那些意识到自己错误但拒绝退出的人，只能等着亏掉所有的钱，等着被保证金管理员强制平仓。

很多交易者并不是很清楚**如何在交易中设置止损单。**止损单就是当市场价格触及设定价位时就会被经纪人立即执行的一项指令。例如：

假设你以106美元的价格购买了100股美国钢铁（U. S. Steel）的股票，如果你只愿承受2个点的风险，那么在股价跌到104美元时就应当立即卖出。这样，你就不需要坐在经纪人的办公室盯着行情变化，等到股价下跌到104美元，然后站起来指示经纪人卖出这100股美国钢铁。你只需在买进股票时给经纪人下达这样的指令：

"股价下跌至104美元时卖出100股美国钢铁止损。G. T. C"

"G. T. C"的意思是"撤销前有效"。现在，假设美国钢铁跌到104美元。经纪人就在该股跌到104美元时替你卖掉这100股美国钢铁。当然，经纪人的实际卖出价也许不是正好104美元，可能是103⅞美元，也可能是103¾美元。但是你知道，一旦你的股票跌到这个价位就会被卖出。经纪人不能严格保证完全按照止损单的限定价格卖出你的股票，但是他会尽力在股价触及你的止损价位后，以最好的价格卖出。

又假设你是在106美元的时候卖空而不是买进，你同样想控制自己的损失。你可以给经纪人下达108美元时买进100股的止损单。这样在股票涨到这个价格时，经纪人就会按照你的指令买入100股美国钢铁。

如果你规定的限价没有达到，同时市场明显向有利于你的方向发展，当你获利了结的时候，你必须取消先前的止损单。在下达止损单的时候你也可以加上时间限制，可以为1天、1周或者不特定的某段时间，但是最好的方法还是以“撤销前有效”，这样你就不必为这只股票操心了。

## 第三条规则：过度交易——最大的恶习

在华尔街，没有什么原因能比过度交易更浪费金钱了。普通的交易者不知道成功需要多少本金，他会过度地买进或卖出。这样他不得不在本金耗尽时被迫离开股市，并错失很多赚钱的机会。因此，在交易前而不是交易后，我们必须弄明白自己能承受的损失范围。

坚持小额交易，要保守一点，不要过度交易，尤其是在长期运动的底部或者顶部。大笔财富总是在试图抓住最后的3～5个点的波动极限点时输掉的。要保持冷静，不要在顶部或底部时变得过分自信。应当仔细研读自己亲手绘制的图表，不要让你的判断力受到希望与恐惧的影响。

很多交易者以10股交易并获得了成功，原因在于他是在接近顶部或底部开始交易的。当市场接近极限位置时，他却交易100股，随后就把利润和本金都损失掉了。这是因为他违背了可以帮助他成功的保守性原则。

当你进行了**一笔交易，如果一开始就朝着不利于你的方向发展，你出错了。那还有什么理由让你买进或者卖出更多来摊平亏损呢？**为什么还要日复一日，竭尽所能使事情变得更糟呢？赶紧止损，**趁着为时未晚。每个交易者都要牢记：最大的错误是过度交易；其次是没有设置止损单；第三个致命的错误就是摊平亏损。克服这三个错误，你就能获得成功。砍掉亏损，让利润奔跑。**你要在市场运动跟自己一致的时候加码，或是增加交易数量，而不是不利于自己的时候。

记住，活跃和狂热的市场是疯狂的炒作造成的。市场的表现扩大了人们的想象力，提高了期望值，丧失了理智和平衡力。因此在极端市场条件下，你必须保持冷静的头脑。记住，天下没有不散的宴席。时速60英里的火车比时速 5 英里的火车更易脱轨。在疯狂失控的市场，必须在它脱轨前及时跳车，因为一旦崩跌你将无法及时脱身。每个人都想卖出，没人愿意买进，盈利很快就会变成亏损。

1919 年的大牛市清楚地表明，当人人都疯狂看多，看不到顶部的信号时会发生什么情形。牛市到达临界点的时候，市场中人人看多、人人买进，没有任何人敢于卖空。那是历史上上涨速度最快的其中一次。接着发生了什么？在 11 月初“泡沫破裂”后，下跌开始了，一些股票在 2 周内就暴跌 50～60 个点。那一年整个牛市行情中赚的钱在短短 10 天之内就损失殆尽。那些准备在下跌后的反弹中退出的交易者根本没有任何机会，因为每个人都预期价格还会下跌，都想卖出离场。越来越多的人被迫卖出，使股价下跌得更低，市场也变得更加疲软。

## 第四条规则：永远别让盈利变为亏损

除了过度交易之外，很多交易者是因为违背这条规则而破产的。我们买进或卖空某只股票已经赚了 3～4 个点的利润，有什么理由还要让自己的本金处于风险状态呢？设置一张止损单就可以在盈亏平衡点或者小有盈利退出，这样的话，我们就能只赢不输。如果这笔交易继续朝着有利我们的方向发展，就提高止损价继续跟进。

人们经常在买进或卖空一只股票后获得了不错的盈利，但是他们往往太过贪婪，总是期望赚得更多。因此满怀希望抱着股票不放直到盈利变为亏损，这是很拙劣的操作方法。坚持这种方法的交易者最后都不会成功。我们要尽最大的可能保护自己的资本。

## 第五条规则：不要对抗趋势

赚钱的方法是判断出趋势并跟随趋势。在长期趋势向下的熊市中，安全的做法是等待反弹结束后卖空，而不是买进做多。如果你在大熊市中，股价会下跌 50～200 点，在下跌的过程中，完全可能因为几次错误的底部判断而血本无归。

这条规则在牛市上也同样适用。永远不要在市场上涨过程中卖空。等待出现回调时买进比试图挑选顶部卖空要好很多。赚大钱要跟随趋势而不是对抗它。

无论是交易者还是投资者都必须明白一件最关键和最重要的事情，就是要学会迅速接受亏损。当你出错的时候，继续投入更多保证金，空抱期望持股不放是毫无用处的。如果你迅速接受小的损失并离场，你的判断力会更佳，你就能发现合适的时机再次进场并获得盈利。

## 第六条规则：拿不准时果断退出

如果我们买进或卖空一只股票，而这只股票没有马上表现对头或者在合理的时间内向我们判断的方向运动，这时则要尽快离场。持有这只股票的时间越长我们的判断力就会变得越差，并希望市场变到有利自己的方向。这种情形，最后我们总是错误的。迅速地接受2、3，或是5个点的损失要好很多，如果抱着希望继续持有，最后可能导致亏损10～50个点。

当股票一旦开始上涨或是下跌之后，就不会因为我们的盈利而停止其运动。应当永远记住吉姆·吉恩的话："如果股票不跟着你走，那么你就跟着它们走。"永远要顺应潮流而不是对抗。如果我们站在火车的轨道上，看见一辆火车以时速60英里向我们驶来的时候，我们会停在那里期盼火车在碰到我们前突然停止或者希望能把火车踢离轨道吗？当然不可能。我们会赶快离开轨道。在股市之中我们也要做同样的事情——退出；要么让它们自行其道，要么干脆上车，随车而行。

## 第七条规则：只交易活跃股

我们要把交易的范围始终限定在纽约证券交易所的活跃股的名单上。虽然其他股票也有急速上涨的时候，但是长期来看，那些活跃的领涨股的盈利更大。纽约证券交易所中的股票总是拥有好的市场性，你可以随时入市或离场。90%的未上市的股票和场外证券都迟早会消失。不要碰那些阿猫阿狗之类的有危险的股票。

同一板块股票不会长期充当领涨股。国内情况的变化会导致特定板块在一段时间充当领涨股。当新的板块成为公众的新宠，先前的领涨股就会失去以往的地位了。

这个道理也适用于不同板块中的个股。通常，一只受到热捧的领涨股会持续活跃 5～10 年。这个时间段过后，它会分散到投资者手中，不再那样活跃了。此后，这只股票就会在很窄的区间波动，因为投资者不会每天进进出出。投资者会长时间持有该股，直到有充足的理由或者因为受到惊吓才开始抛售该股。这样，先前的领涨股在下跌过程中变得活跃，直到股票变现完全结束。

当然，只有交易大幅波动的股票才能赚大钱。正因为如此，我们必须时刻注意观察，找出能够有机会给我们带来丰厚利润的新领涨股。我们要与时俱进，跟踪上市新股，观察它们的发展，我们就能抓住当前的领涨股，抛出旧的不活跃的股票。如果我们能掌握快速交易的技巧，赚大钱就是靠波动而不是分红。这就是为什么要交易大幅波动的活跃股的原因。如果我们在这样的股票亏了钱，很快也能弥补回来，因为机会经常出现。

## 第八条规则：平均分散风险

俗话说得好，“不要把所有鸡蛋放在一个篮子里”。在股市中这也是我们要遵循的一条非常好的交易规则。如果情况允许，我们最好从不同类别的板块中选择 4～5 只股票，按照等额①的方式买进或卖空。

把本金如此分配，我们就能做 7～10 次的交易。假设你有 5000 美元，交易 100 股并把风险控制在 3～5 个点。这样你能够在连续损失 5～6 次时仍然有本金可以操作。一次大的盈利就可以弥补 4～5 次的小亏损。但是，如果是大亏损小盈利的话，你最后就没有获利的机会了。

如果只有交易 50 股的本金，你可以选择 5 只不同的股票交易，每只股票买进 10 股，同时为每只股票设置 3～5 个点的止损单，并且要根据股票的表现进行交易。这样做可能有 2 只股票对你不利并触及止损单。其他 3

① 译注：这里是指每只股票的资金量相同。

只则不会这样糟，它们可能会朝着对你持有头寸有利的方向发展，结果除了弥补亏损外，还会有利润。

如果入市的时机正确并有充足的理由，以往的记录显示，只有非常小的可能会出现你持有的股票全部都触及止损单。这样做可能比不上总在1～2只大幅波动的活跃股上交易的盈利那样多，但是安全。这就是我的目的：教会你如何安全交易、学会自我保护，以及减少亏损并最大可能增加盈利。

## 第九条规则：设定买进或卖出的价格或点数

大多数人在买进或卖出一只股票时有一个习惯，就是在心中确定他们希望盈利的具体数额。这种建立在希望基础上的坏习惯毫无理由，并且不合理。我们进行交易的目的是盈利，但是我们无法提前知道每一笔具体交易会带来多少利润。市场本身决定交易者的利润额，我们唯一能做的就是做好准备在趋势发生变化时而不是之前，获利了结并离场。要牢记股市不会为了迎合我们，一定会到达我们想要买进或卖出的价位。

很多交易者因为提前预设卖出价位而损失了大笔的盈利。股票有时候仅仅距离他们计划卖出的价位还有2、3或者4个点就开始下跌。他们怀着希望不肯卖出仅仅因为股价没有到达他们的心理价位。他们经常怀着希望继续持股，直到失去所有的利润并开始亏损，依然拒绝承认趋势已经改变的事实。**在股市上，希望会使人一败涂地；**想要成功，我们必须**直面真相，真相往往是冷酷且顽固的，不会屈从于我们的希望。**但是为了自己的利益，我们必须接受真相。

几乎每一个牛市或熊市，公众都会在心里设定顶部或者底部会到达的点数。报纸会报道一些热门股会涨到100点、125点、150点，甚至175点。每个人都形成了这样一种概念，即这些股票一定会到达那样的价位，因此这些价位也就成为了“希望”价位，而它从来都不会实现。

举例说明：1909年秋，股票纷纷处于牛市中的高位，美国钢铁上涨到了90点附近时，报纸开始报道这只“可爱的钢铁股”能涨到100点。这样公众脑子中形成一种印象，美国钢铁一定会涨到100点，到那时他们才应当卖出该股兑现利润。我则预测该股只能涨到94⅞点，不会再高了。因此我在那个位置卖出该股，后来事实的确如此。但是抱着“希望”的那些人继续持有该股，直到最终蒙受损失。因为美国钢铁最终下跌到了38点。几年后，当这只股票确实达到100点，但那时则是买进点而不是卖出点，因为随即该股就涨到129¾点。

企图抓住顶部或底部最后的临界点⅛点的人通常会丧失所有的盈利。赚大钱并不需要买在最低点、卖在最高点。查看我们保留的所有活跃的领涨股的列表，你就会发现：每隔几年这些股票就会有一次50～150个点的顶部与底部之间的波动。因此，如果我们能在从底部上涨10个点后进场，在距离顶部10个点内卖出，必然会积累相当多的利润。

不要心存这样的**想法，我们能够并且坚持持有某只股票直到它朝着有利自己的方向发展。**这种想法纯粹是**固执己见，完全没有任何理性的逻辑或理由。**拿不准时就果断退出，不要犹豫不决。拖延是十分危险的。要像内行人那样行事：如果得不到我们想要的利润，就拿走能够得到的利润；如果股市不接受我们的开价，就接受市场的开价；如果市场不跟着我们走，我们就跟着市场走。聪明人会改变想法，傻瓜则是一根筋。

## 第十条规则：什么时候兑现盈利

不要仅仅因为有了盈利就结束一笔交易。当趋势有利于我们并持续运行的时候，一定要持仓不动。如果受到落袋为安的诱惑时，应当先问问自己：“我需要这笔钱吗？”“趋势已经结束了吗？”“我一定要卖出吗？”“为什么一定要兑现这些利润？”

查看你亲手绘制的图表，并根据图表的提示进行操作。如果图表没有显示出趋势变化，就等着。用止损单保护利润，但是不要急于兑现盈利。急于兑现跟太迟认赔同样糟糕。正确的时候要有耐心坚持；错误的时候能快速退出，我们就会取得成功。

## 第十一条规则：累积盈余

增加我们的交易规模前必须是有盈余在累积。保证金不能闲置，只有

"羔羊"[①] 才那样做。如果风险很大，我们就不要进行该笔交易，而应当等待一个可以买进或卖出的好时机，并设置 3～5 个点的止损单。在本来可以避免的情况下遭受巨大的亏损无异于财务自杀。

在没有盈利之前，我们一定不要扩大交易规模。所有重要的商业机构都竭尽全力创造利润并乐于公布于众。但是，商业活动有时候也难免会出现亏损。因此，投机者和投资者也必须意识到会出现亏损的可能。因此，我们必须赚取足够的利润去弥补可能会遭受的亏损，才能继续交易。

在活跃的市场上，如果我们交易一只高价股，我们通常要将亏损限制在持续 2 天的波动内。如果该股朝着不利于我们的方向持续运行了 2 天，很大可能会走得更远。这时我们应当用以往的盈余去弥补亏损，保护好本金，等待另外的机会。

## 第十二条规则：不要为了分红买进股票

很多人总是犯为了获得分红而买进股票的错误。我们不能因为分红就买进股票；也不能因为没有分红就卖出。通常很多人持有进行大比例分红的股票，结果他们只能眼睁睁看着本金的一半甚至更多消失掉，获得的分红也跟着一起被侵蚀。我们需要看重的是本金的安全而不是分红的回报。如果我们能知道股票什么时候在为上涨而吸筹或者在为下跌而派发，那我们就能从行情波动中赚到比分红多得多的钱。

如果一只股票的价格低到与其所派发的分红不成比例，那么肯定有猫腻。因此，我们最好卖空该股，而不是买进。反之，如果一只股票的价格很高并且没有分红，其中必定有合理的原因，这时不要卖空。因为很可能该股很快就会分红或者本身处于非常强势的状态，否则不可能有如此高的价格。

操纵可能会在一段时间内使股价高于或者低于股票的实际价值，但是供求关系是决定股价的最终原因，而且股票价值也是基于供求关系的。我有心要教给大家的就是如何利用供求关系判定我们买进或卖出的位置。

---

① 译注：指没有经验的股市新人。

分红（dividend）这个术语的意思是指利润或者纯利的分割。但是通常买进场外证券或者有危险的股票时，这个单词就意味着“分割”（divy），即与第三方分享你的本金，接下来会亏得血本无归。

# 第九章 操作方式

在了解成功交易的规则后，接下来我们要确定买进或者卖空的最佳操作方式。所有这些因素能帮助我们克服自身弱点，获得更大的成功。

## 买断

很多人认为万无一失的赚钱方法是买断[①]。这却是一个让很多交易者心痛的错误。研究一下过去行情变化的记录，我们可以发现足够多的证据来证明我的这一论断。仅仅通过回顾四五十年前大衰退时期的股市就可以证明买断的代价就是损失你全部的投资。也就是说，股价是不会跌到零，但是却可以重新估值。

我们听到很多人这样说：“我对股票进行了买断操作，所以没有什么可担心的了。”事实上，他们才是需要担心的人。每年都有很多只股票退出市场或进行重新评估，他们凭什么断言他们的股票就是上市证券中安全的好股票呢？

目前，大约有700多只股票在纽约证券交易所上市交易。未来的5～10年内，形势的变化会导致25％以上的股票变得一文不值，或者大幅下跌到足以让买断并且持有该股的人破产。

我们必须采用比买断更好的操作方式来保护我们的本金并赚取利润。稳健的保证金操作其实也是很安全的，而且当我们能在合适的时间买进或者卖出合适的股票将会赚到更多的钱。

---

① 译注：买断是相对保证金交易的另外一种方式，就是买进股票的时候使用全款而不是部分的保证金。

1919 年秋季，行情到达了鼎沸的高潮，很多股票在 9 个月内从 25 个点上涨到 100 点。假设有人在顶部 20～50 个点内买断了一些股票，并且一直持有到 1920 年和 1921 年，很多股票下跌了 100～180 个点，无一例外。所有的股票都损失惨重，很多股票再也没有回到 1919 年高峰时的价格。

在 1919 卖空，并且在 1920 年到 1921 年夏天期间都一直做空的交易者才是真正的赢家。以下我会给出一些股票在 1919～1921 年的最高价与最低价，以此说明在那些认为买断很安全的人身上究竟发生了什么？

| | 最高点 | 最低点 | 下跌点数 |
|---|---|---|---|
| | 1919 年 | 1920～1921 年 | |
| 美国羊毛（American Woolen） | 169½ | 55½ | 114 |
| 美国国际（Am. Intern’l） | 132¼ | 21¼ | 111 |
| 亚特兰大湾 W. I（Atlantic Gulf W. I） | 192¼ | 18 | 174½ |
| 熔炉钢铁（Crucible Steel） | 278½ | 49 | 229½ |
| 标准沥青（General Asphalt） | 160 | 32½ | 127½ |
| 斯普林费尔德凯莉（Kelly Springfield） | 164 | 25½ | 138½ |
| 墨西哥石油（Mexican Pete） | 264 | 84½ | 179½ |
| 共和钢铁（Republic Steel） | 145 | 41⅛ | 103⅞ |
| 斯图特贝克（Studebaker） | 151 | 37¾ | 113¼ |
| 美洲大陆石油（Transcontinental Oil） | 62⅝ | 5⅝ | 57 |
| 美国食品（U. S. Food） | 91⅜ | 2⅜ | 88⅝ |
| 美国橡胶（U. S. Rubber） | 143¾ | 40½ | 103¼ |

大多数上述股票从最高处跌了 25～50 个点时仍然派息分红。毫无疑问这些股票当时对很多人依旧有很大的吸引力，无论是买断还是保证交易。试问有多少人能在自己的本金缩水了 50%～70%的情况下继续持有股票？我相信这样的人很少，即便有这样的人，那他也是傻瓜一个。

另一个我们必须采用止损单保护自身的原因是，当股票开始朝着不利于我们的方向发展时，就很有可能会跌到消耗掉我们所有的保证金，并摧毁我们的耐心，迫使我们在本来是应当买进的时候卖出股票。

我没有把1919年的牛市或者1920～1921年的熊市作为特例，因为它们不是特例。同样的下跌曾经发生在1857年，1873年，1893年，1896年，1903年，1904年，1907年，1910年，1914年和1917年。我相信这样的情况还会继续发生。因此，在熊市就要做空，牛市则要做多。

我们应谨记这个事实：当股价开始朝着不利于我们方向发展时，趋势无论是向上还是向下都能持续很长的时间。无论是在顶部区间买断做多的，还是预留50个点余量用保证金在底部区间卖空的，尽管他们都自以为很安全，却都可能会损失惨重。

也许会有人反驳我说，在市场恐慌的年份，如果靠近底部买断就是最安全和最正确的事情了。我的回答是，在市场恐慌的底部用保证金买进同样安全，并且能持有更多股票赚更多的钱。接下来我会阐述如何判断股票什么时候到达顶部或底部的方法。

## 卖　空

我不会直接就告诉你卖空很值得做，我会用过去30年股市行情变化的记录来证明这一点。

尽管很多人进入股市好几年了，但是从来没有意识到股市是可以双向操作的。在股市快速下跌时，我经常听到一些交易者说，“我不能卖空”。死多头不会成功；死空头也好不到哪里去。在股市赚钱不能有个人的牛熊喜好。我们进入股市的目的和目标都是要盈利，既然如此就没有必要选择盈利的方式了，牛市做多、熊市卖空才是通往成功的捷径。

如果我们只会做多，那市场对你不利的几率相对双向交易就多50%。在持续数年的熊市与恐慌中，究竟有多少做多的机会呢？我们也许会在一个快速下跌的底部附近买进，除非快速兑现，否则很快就会亏掉。而在熊市的每次反弹时卖空，在行情急跌的时候回补空单，然后等到反弹时再卖空，这样必定会积累大笔盈利。因为我们是在随着趋势操作，也必须这样做。

研究图表，让我们自己确信：从长期来看，在合适的时间卖空赚的钱将跟做多同样多。接着下定决心，如果我们希望成功，当条件成熟时就要果断卖空。

我们的朋友、经纪人和报纸总是告诉我们卖空是很危险的。因为可能会遭遇到“股票垄断”[①]。股市中出现股票垄断的概率是千分之一。在过去的30年中仅仅出现过两次重要的股票垄断——北太平洋铁路在1901年，当时从150点上涨到了1000点；斯图特电机在1920年从200点涨到700点。

股票本来就是用来卖出的，内行人士往往在股票最高点附近迅速卖出。如果向内行人学习，我们也会总是很安全。用大盘股进行卖空交易非常安全，因为有大量的流动筹码供应，所以不会有股票垄断的可能性。

报纸永远只告诉我们内部人士希望我们知道的东西，而不是我们需要知道的信息，要当心报纸。在情形极端恶劣，该买进股票的时候，报纸不会有一丁点儿关于好时机到来的信息。然而，当股市处于顶部，大量内部人士抛售他们在底部买进的股票时，报纸却在宣扬分红、额外股利、认股权，以及大量的收入等等。这些报纸本来应当指出我们是在捡蹩脚货，买进的是错误而不是什么认股权[②]。

聪明人不会期望凭空得到什么好处，只有傻瓜才会希望自己的对手来告诉他们该怎么办。

经纪人总是在接近顶部时看多，接近底部时看空。一般的经纪人对于股市并不比我们懂的多，他们也没必要比我们更懂。他们的生意就是根据客户的指令买进或卖出股票，那才是他们赚钱的方法，他们只要很好地执行了客户的指令就可以赚取客户的报酬。他们从事的职业容易使他们很困惑，因为他们受到太多的多空两个方向信息的影响，这对于他们的判断没有任何好处。

1920年的12月，股市快速下跌，每天的成交量达到了200万股。报刊成天告诉我们货币升值、信贷冻结、经济衰退、失业率上升以及购买力下降，以及大众买不起奢侈品和汽车等负面消息。此时，斯图特贝克到达

---

① 译注：炒作集团凭借强大的资金实力买进市场所有的筹码，然后大幅拉升股价，迫使持有空单的投机者在极高的价位回补。

② 译注：rights英文中既有正确，也有认股权的意思。原文的买进含权股票，获得rights，其实不是认股权，而是rights的反义词wrongs——错误。

了底部，股价为 37¾点。从此该股稳步上涨，直到超过了 100 点，报纸才开始有反应。

从那以后的几个月，每过几天，报纸都会报道斯图特贝克的惊人的收入信息。华尔街充斥着斯图特贝克会涨到 175～200 点的内幕消息。为什么在股价到达 100 点的时候才告诉外围投资者所有的利好消息，而当该股在 1923 年的下半年和 1924 年跌到 50～60 点时，对于那些以现在的价位买进该股的“笨蛋”又该说些什么呢？笔者认为在斯图特贝克 100 点时，放弃来年分红并卖掉股票的人会比买进该股获得分红的人赚的钱多。这种操作方式适合斯图特贝克，也适合其他的股票。

## 用加码操作累积盈利

许多投资者在牛市底部附近稳健投资从而积攒了很多利润，后来在接近顶部时开始快速大量加码。结果在趋势逆转后，他们因为仓位过大而损失掉所有利润甚至自己的本金。这样悲惨的经历教会我们“安全胜过遗憾”。投机交易的箴言就是“安全第一”。

交易中，第一笔的风险最大。假设第一笔交易时，我们把自己的风险控制在 5 个点内，即如果亏损，我们就得损失本金。如果该股朝着我们有利的方向运行了 5 个点，我们就可以第二次买进同样多的筹码，并设置 5 个点的止损单。这样即使止损单被触及，我们输掉的还是相当于第一次交易的 5 个点，因为第一笔的筹码不会赔钱。

加码方式取决于我们在什么位置进场——是开始向上运动的底部区间还是开始向下运动的顶部区间。在活跃股上，每涨跌 10 个点加码通常都是安全的，但是我们应当减少而不是增加每次加码的数量。

假设我们首次交易买进某只股票 100 股，该股随后上涨了 10 个点，这时我们又买进 50 股；接着上涨 10 个点，我们买进 30 股；再上涨 10 个点，我们买进 20 股，或者 10 股。此后，每涨 10 个点，我们继续跟进 10 股。以这样的方式加码，同时用止损单随着跟进，在没有任何风险的情况下，我们的利润就会稳步增加。最后一次交易可能会让我们损失掉 3～5 个点，这与我们如何设置止损单有关。但是，其他的交易已经赚取了大量的利润。通常情况下，在一只股票走出吸筹或者派发区间后再加码，会更加安全。

我们要学会要么严格遵循一条交易规则，要么置之不理。我们不能忽视另一条很重要的规律：即某只股票朝着利于我们的方向运动了5～10个点后，该股票继续朝着这个方向发展的可能性就会降低很多。这不是意味着该股就一定不会朝着我们有利的方向长期发展，而是我们不能忽视该股此时逆向运动的概率。

## 按照比例买进或者卖空

许多投资者和交易者都认为，按比例增加或减少进行交易是赚钱的唯一方式。我从来没有见到过用这样的交易方式战胜市场的例子。有人问罗索·萨格（Russell Sage）是否相信按比例交易的交易方式。他回答说，目前只有三个人有足够多的钱按比例买进——卡内基、摩根和洛克菲勒，但是他们不会这样没脑子。

按比例的交易方式不合适的主要原因是：依据这种交易方式，我们必须在股票向着不利于我们的方向发展时，还要继续增加持有该股的数量，这样会进一步增加我们的风险。如果第一笔交易我们亏损了，我们就是出错了，应当迅速退出而不是继续买进或卖出更多。正如我前面说明的加码方法，我们只有在市场向着有利于我们的方向发展时才能承担更多的风险。在我们赚钱的时候加码是正确的；但是如果想摊平损失，损失也就会累积得越来越多，我们将犯下严重的错误，很快就会损失掉所有的本金。

## 对冲交易

交易者买进一个板块中的一只股票，当该股不利于他们的时候，他们认为可以采用卖空另一板块中的股票来弥补损失。这样做没有什么意义。最好的应对方式是接受损失并迅速退出，进行新的交易。

过去确实有这样一些例子，那时候铁路股与工业股先是分拆分离，后来又合并。但是这种情况的发生需要一个很长的时间周期。例如：

1919 年 11 月，20 种工业股的平均指数是 119 点，道琼斯 20 种铁路股的指数是 82 点，工业股比铁路股高出 37 个点。我当时认为工业股在两年内会比铁路股低，后来事实也的确如此。1921 年 8 月铁路股为 70 点，工业股为 66 点，铁路股高出工业股 4 个点，即在 21 个月内铁路股相对上涨了 41 个点。

当然，那些在 1919 年顶部卖空高价工业股并买进铁路股的交易者将会赚一些钱，但这却不是交易之道，因为在工业股下跌了 55 个点的同时，铁路股也下跌了 18 个点。

因此，正确的交易方式是在趋势向下后，长期卖空工业股，不要进行对冲交易。在股市上成功的基本规则就是跟随趋势。如果我们不能判断走势，就暂时退出，直到我们能判断清楚趋势时再进场。在趋势下跌的时候，总是能赚到很多钱的。

## 不遵循交易规则的代价

股市中的长期摆动平均持续两年，也就是 600 个交易日。如果我们站在自动收报机前盯着行情的波动，我们会在两年之内 1200 次改变主意。90％的时候我们做的决定都是错误的。因为我们改变主意没有充足的理由，仅仅是基于一次小型的波动。尽管这样的小型波动只能持续几个小时或几天，但是却足以改变站在自动收报机前盯着短期波动的交易者的想法。

每次改变主意就接着改变头寸的人，会增加不利于自己的几率。因为每次交易都要支付税费、利率及佣金。如果我们出错了，自动收报机会让我们在错误中继续待着。因为自动收报机记录的一些持续几小时或几天的小型波动，这种小型波动会点燃我们的期望，让我们继续持有该股。另一方面，如果我们做对了，但是每天盯着自动收报机，一些没有任何意义的小型波动也会导致我们急忙退场，失去了赚钱的有利头寸。因此，我们要明白：盯着自动收报机，赚钱机会少之又少，90％的时间我们都在做出错误的决定。

**股票盘势的运动多数是以神秘而诱惑的方式进行，**公众会因为自身希

**望**和**恐惧**的主观情绪而受到**影响**。公众因为恐惧而卖出，也因为希望而买进，在顶部或者底部区间进进出出。而按照计划交易的人则会在公众卖出时买进，公众买进时卖出。**股市不会打败我们，打败我们的是我们自己，**因为我们屈从于我们自身的弱点，或听取不如我们的人的意见，或看报纸上的消息，听从股市上的流言，所有这些都会影响我们，并把我们引向歧途。

普通交易者走进华尔街是为了得到信息。他会问擦鞋匠“你觉得股市怎么样?”他也会询问酒店服务员、办公室勤杂工、他的经纪人、朋友，甚至经纪人办公室碰到的陌生人。我可以保守地说，一个浮躁的普通交易者每天会至少询问10～20 个人的意见。被他询问的这些猜测者，知道的其实不如这个交易者多。如果这些人的意见恰巧与他的想法一致，他会认为这是好的意见并听从它，这样的做法当然会赔钱。如果半数以上的人不同意他自己的看法，他就很可能不按照自己的判断操作，最后结果证明他自己判断是正确的。他对自己说：“如果我想买进时果断买进，我已经赚到钱了。但是我跟我的经纪人和勤杂工讨论过我的想法，他们使我确信当时我错了。”

“聪明人会改变想法，傻瓜则是一根筋。”聪明的人在做决定之前会做调查；傻瓜则只知道做决定。对股市固执己见的人，无论是死多头还是死空头，都注定会赔钱。我们必须保持开放的思维，随时准备在理由充足时，改变自己的想法并迅速行动。**在华尔街上如果一个人不懂得变通，对于他来说，很快就没有“交易所”了**[①]。

我认识华尔街上一位老先生，大概 80 多岁了。他一辈子赚了几笔钱，发大财则是在股市抓住了快速波动 50～100 个点的机会赚取的。然后，他试图抓住另一轮 50～100 个点的行情，结果却赔掉了以往所有赚的钱。

这位先生在 1915 年的前几年已经破产了。接着第一次世界大战爆发了，他弄到了几百美元，开始买进股票并且持续加码。他在合适的时间买入正确的股票，也就是说，他在接近底部时买进，上涨后持续加码。他买

① 译注：原文中的 change，通常的意思是变化、转变的意思，但是在英国英语中，也可以指“交易所”。江恩在此运用 change，阐明了一根筋的交易者很快就会输得一无所有，丧失继续交易的资格。

进的鲍德温（Baldwin）低于 50 点，熔炉钢铁（Crucible Steel）低于 40 点，贝斯钢铁（Beth. Steel）低于 50 点，斯图特贝克（Studebaker）低于 60 个点。他是抓住了“战时工业股票”① 的幸运儿。

他开始交易的时候只能零星地买进股票，在 1915 年秋天市场到达顶部的时候，他手中已经有上千上万股了，在他的经纪人那里的净值也已达 20 万美元。我在那时给他建议“现在该把你的账面利润兑现的时候了”。那个时候，相对于最初交易，他赚取的利润在鲍德温上有 100 多个点，重钢 100 多点，贝斯钢铁几百个点。但是他当时已经变得非常乐观，充满了希望，认为每个人都已经疯狂了，市场上的每只股票都会像贝斯钢铁一样涨到 700 点。

我记得 1915 年 10 月的一天，鲍德温上涨到它的顶部 154 点，股市变得异常疯狂和兴奋。我对他说“现在你要么卖出你所有的股票，要么用止损单来保护你的盈利。”他说“股票还没有开始冲刺呢”他给了我一张再买进 500 股鲍德温的指令。他说“我会在 250 点左右卖掉鲍德温而不是 150 点。”当天下午鲍德温跌到 130 点，他持有的其他股票也下跌了相同的比例。然而，他仍然抱着希望继续持股。股票持续下跌，几个月后，鲍德温跌到了 100 点附近。他被迫卖出持有的大量股票，20 万美元的利润在账户上变成了区区 1 万美元。

那么，这样的交易方式究竟在什么地方出错了呢？这位先生在正确的时间看到了机会，他在正确的时间开始少量买进，并以正确的方式加码。但是，他却没有在正确的时间退出。**账面的利润从来都不是真正的盈利。**我们必须兑现盈利。这位先生拒绝接受市场的真相。他如此看多，以至于认为20～30 个点的调整都不能说明趋势已经转变，哪怕仅仅是暂时性。假如一个交易者得到一些利润并以止损单做保护，他知道一些数额的利润安全了，肯定会得到这部分利润。但是如果他抱着希望继续持股，在顶部时还继续买进，他必定会赔钱。

这位先生，在经历赚钱赔钱后，1917 年再次破产了。然而这次他未能东山再起，因为他的年纪太大了，而且他有着太多的希望。直到今天，他

① 译注：war babies 是指战时工业股票，为美国国防部制造产品的公司的证券。

会听从经纪人办公室里任何一个职员的建议，事实上是任何与经纪人办公室沾边的人。如果有人告诉他某只股票一定会上涨 100 个点，甚至更多，他肯定会相信。因为他很希望再一次抓住一只能涨 100 点，甚至更多的股票，加码，然后成为富豪。如果你告诉他某只股票一定会上涨 5～10 个点，他根本不予理睬。他对赚取 5～10 个点失去了兴趣，他想要的是 100 点。

有些人从来不会从自身的经历中学点东西。这位先生从内战后就一直在交易。超过 50 年交易的经历没有教会他这样一个事实：几个月内上涨 50～100 个点只能在不正常的市场中才会出现，像内战这样的不正常条件下才会发生，一生中只会遇到 3～4 次。过去的经历告诉他这样的事情 20 年都难得一遇时，他却希望这样的事情每年发生。他没有看到市场在大部分时间处于常态，并以一种正常的方式波动。因此，他没有正确的推理与真正的思考。他的所作所为都是建立在一种夸大的希望上，自然也就只能以失望与亏损告终。

我们必须明白：正常的市场中一定要接受正常的利润；只有在非正常的市场条件下才会产生非正常的利润。但是，无论我们是否已经盈利，都要采用止损单作为保护。**随时做好准备**，随着条件变化**改变我们的想法**。

# 第十章 图表及其作用

## 如何了解一只股票

知道一家上市公司的这些信息就足够了：公司的历史；新公司还是老公司；在过去几年内公司的营业收入；多长时间分配一次红利；未来的发展前景；以及是否过度投资资本或者是投资保守。所有这些会影响股票未来价格的因素都包含在股价的波动中了，因此仅仅需要关注的就是价格的记录。

很多人认为图表对于预测将来没有任何价值，仅仅是对过去历史的直白描述。这种说法没错，图表就是过去的记录，但是未来往往是过去历史的重复。每一个生意人都要根据生意的过去记录来决定将来的进货，也只能参考过去的记录才能做出判断。我们查阅一个人的历史表现，如果过去表现良好，我们就可以判定他将来也会表现良好。

图表是图形化的描述，比语言表现得更明了。虽然我们用语言也可以说明一件事情，但是看到图表会让我们更快地理解要领。相对于语言描述，我们看一个人的照片能了解他好或者坏的特质。

我认为没有什么比《圣经》更权威了。“已有的事，后必再有。已行的事，后必再行。日光之下并无新事。”这显示了历史不过是过去的重复。图表是我们拥有的唯一指南，能告诉我们股票以往的情况，我们就有了预测它们将来会如何的依据。

如果是机器而不是人创造了股市，情况就可能不太一样。但是只要我们中有人能解读出操盘手现在正在做什么意味着接下来要做什么的信号，图表和过去的记录就有巨大的价值了。

因此，我们应当拥有尽量长时间的月高低价图、6～12 个月的周高低价图，以及 30～60 天的日高低价图。这些图表将跟盘势一样告诉我们股票的过去、现在及将来的状况。如果指示得不太明确，我们就需要多看一会儿，直到看清楚盘势显示出：力量平衡的方式是什么，供需是否平衡，是否有一方的力量过于强大。

## 成交量

不要忽略成交量，因为成交量能说明供给或者需求的力量大到足够导致股价的上涨或者下跌。我们考量的重点是股票流通盘的月换手率、周换手率和日换手率。例如：

如果查看美国钢铁在 1922 年最后三个月的表现，我们会发现连续几周该股的波动范围都很小，成交量也只有 30 万股。这样可以推测出该股不会很快就出现大的波动。为什么呢？因为美国钢铁总股数为 500 万股，如果该股要打破目前的状态并发生大的动向，必须要有 100 万股甚至 100 万股以上的换手才有可能。一只股票的总股数越大，筹码的收集或派发就需要越长的时间，随后才可能会引发长期的上涨或下跌。

## 成交量能够反映什么

每只股票的成交量反映该股买进卖出的百分比，它告诉了我们价格波动的真相。当然没有大的交易量，股票就不会完成派发或吸筹。如果想要产生任何方向的大行情，必须有人在底部或顶部区间相当大比例地买进或卖出股票。因此，我们要认真研究一只股票的成交量、卖出大量股票所需要的时间以及在成交量增加时股价上涨或下跌的对应点数。

假设美国钢铁已经上涨了 20～30 个点，日成交量达到 20 万股，但是该股仅上涨了 1 个点。第二天，该股的成交量依然是 20 万股左右，但是股价却没有上涨。很明显，此时该股的供应已经大于需求了，至少也是买方无需竞价就可以买到他所有想买的股票了。这种情况下，最明智的做法是全部卖出，观察并等待。如果在一个合理的时间段内，该股在这个价位区间全部被吸纳并且创出新高，这当然就意味着股价还能继续涨。

在大的牛市市场，当股票达到派发区间就会出现大幅震荡，这个区间的总交易量会几倍于该股的股票总数。例如：1919 年末到 1920 年春，鲍德温的成交量已经达到每周 30～50 万股，而股价仅仅从 130 点涨到 156 点。这正是派发筹码的阶段，公众满怀希望并不计成本地买进。

派发之后，鲍德温开始长期下跌，直至 1921 年 6 月 25 日的那周跌到 $62\frac{3}{8}$点。相对 1919 年的最高点下跌了 93 个点。在下跌的最后一周，从 70 点跌到 $62\frac{3}{8}$，超过了 7 个点，而那周的成交量还不足 11 万股，这表明该股卖出套现过程已经完成，急于卖出的股票几乎没有了。此时，一周内的交易量大约为总股本的$\frac{1}{2}$，与该股的流通股数量大致持平；而该股在 100 多点的时候，每周股票总数都会换手 2 次。

鲍德温（Baldwin）在 1921 年 6 月跌到 $62\frac{3}{8}$后，我们注意到该股出现缩量反弹，这说明市场上可以出售的股票数量已经不多了，因此并不需要大量买进来促使股价上涨。先前派发给公众的股票已经转移到主力手中。因此，该股非常容易上涨。这轮上涨行情持续到 1922 年 10 月，鲍德温涨到了 142 点。随后又是另一轮的派发。交易量就是这样告诉我们吸筹与派发是什么时间发生的。

# 第十一章　股市活动分为七个区域

股票市场可以根据发展的不同阶段分为七个区域。其中分别有三个区域高于或低于正常区域。

**正常区域**是指股价最接近股票内在价值的区域，这个区域内我们判断力尚可信赖；行情的变化也能从市场供需的角度分析出来。“正常”区域的界定就是我们认为是供需平衡，股价窄幅波动，没有明显的动机或者理由会导致投机性的疯狂拉抬或者打压。在正常区域内，派发或吸筹都可能发生。投资性股票或金边证券可能会从这个区域开始下跌；而吹嘘前景很好或者夸大收入的投机股则可能从这个区域开始上涨。

**第一个高于正常的区域**是指没有人注意情况下的一段平稳上涨。这个区域持续的时间可以是 1 个月、3 个月、6 个月或 1 年，时间的长短取决于该股在正常条件下的市场循环。因为如果我们以长期摆动的角度来看的话，从正常区域到第三个高于正常的区域有时需要 12 个月，有时可能需要 5～10 年。

**第二个高于正常的区域**是指在炒作集团的拉抬下，股票变得活跃。报纸会在此时报道利好的消息，公众开始关注该股并少量买进，更多的人试图等待一个调整，股价回落到第一个高于正常的区域买进。当然，这种调整很少出现。

**第三个高于正常的区域就是最高价区域，**也标志着进入派发阶段。这个阶段股票非常活跃，伴随着巨幅震荡。股票变得炙手可热，公众疯狂买进；大笔盈利的消息纷纷传出；分红公告也发布出来……所有消息都是利好的。大人物开始谈论起巨大的繁荣。股票持续几周，甚至几个月地上涨，期间出现的调整都非常小。等待调整买进的人大失所望，开始不计代价地以任何价位追进。我们会听到办公室勤杂工、擦鞋匠、速记员都发了大财的消息。所有赚了大钱的人都梦想着赚到更多的钱。当然，他们所赚的钱大部分是指账面浮盈，他们还不愿意兑现这些利润。只有不到 10％的人在游戏的这个阶段兑现了他们的盈利。这些人充满了希望以至于不愿意卖出。股市这个阶段一直持续到 1919 年 10 月末。很多读者知道他们后来的结局。

在这个阶段，连续几周、几个月，每隔几天股票就会跳空高开 1～5 个点，而且是持续上涨没有任何调整。当这些现象出现之后，意味着这个阶段的尾声临近了，尽管没有人能看到这一点。一天晚上，交易者都信心十足地回到家里，一切还是风平浪静。第二天却发现，股市一开盘就下跌了 1～5 个点。下跌没有任何理由，也没有任何利空消息，真正的原因是股市已经到达了供给大于需求的时候了。每个人这时都已经达到了买进的极限，开盘后没有足够的买单去支撑股价，所以股票一开盘就下跌了。这是给我们的第一个信号，必须要警惕！从根本上讲，第一个闪电已经告诉我们，暴风雨正在形成，我们理所当然要保护自己。第一个信号之后，股市可能会下跌一段时间，随后反弹会接近最高点并会维持一段时间，但这恰恰是警告我们“饱和点”即将到达，聪明的人应当及时退出。

历史的发展告诉我们：不管是矿产品、工业品、农产品，人们对任何东西的需求都是有限的，供应迟早都会超出需求。一旦某个行业能够赚钱，很多人就会进入该行业，使得该行业生产过剩从而迫使价格下降。这是由人性的弱点决定的，这个规律同样也适用于股票市场。当股价进入第三个高于正常的区域，快速、巨幅的价格波动创造了能够短时间赚大钱的机会。巨大的赚钱效应吸引了社会各阶层的人士纷纷投资股票市场。他们买进后再买进，推动价格持续上涨，直到业内的或业外的，上层的或底层的，都想方设法满足自己的买进需求。所有人囤积的股票都达到了饱和点，市场上再也没有能买进的人了。随后股价如泄洪一样地返回到正常水平区域，并一路下跌到第三个低于正常的区域。

**第一个低于正常的区域**是指从高位平稳下跌，这个过程可以称为是将第一批持股意愿不强的人甩出市场。接着会出现一个反弹，但是股票在这个反弹中很迟钝。原因在于派发仍然在继续，需求量小于供应量。一些足够聪明的人错过了前面的第三个高于正常的区域，非常明智地在这个区域卖出了。专业的交易者看到牛市已经结束，因此在每次反弹时卖空，从而导致股价缓慢下跌。

**第二个低于正常的区域**——股票变现增大，跌幅加大，反弹减小；经济下滑的报告开始出现，总的形势使公众变得保守。公众降低了预期，变得更加保守并停止买进。结果导致股市失去了支撑，逐渐变得更低。

**第三个也是最后一个低于正常的区域**恰恰与第三个高于正常的区域相反。这是一个恐慌而又极端失望的时期。投资者失去信心，并开始清仓卖出。全国上下都是一片骚动，到处都充斥着经济每况愈下的报道和消息；分红要么延期发放，要么减少，甚至那些在股市顶点是极端乐观的人也开始使用谨慎之类的词语，并暗示股市好转之前可能会更糟糕。股票的供应量似乎源源不断；所有的人都在卖出却没有人愿意买进。我们会听到人们说股票的价值低于其面值。他们说的股票正是那些他们花了比现在高出50～100个点的价格买进的股票。到了这个区域，我们要停止卖空，并且在没有人需要这些股票的时候买进。在这个区域，有必要观察、等待几个月的时间，直到确定股票变现已经完成，吸筹开始进行。在这个区域，我们有足够的时间在股票悄悄上涨时买进。记着这句话：黎明前是最黑暗的；正午的太阳最强烈，随后就开始衰减了。

# 第十二章　股票的习惯

股票是由人来推动的，也就是说，股价是由买方和卖方的行为共同决定的。由于每个人的习惯不同，因此，股市或个股也会泄露出各种的习惯以及参与者的操作。我们必须熟悉自己交易的股票，研究这些股票，我们会发现属于它们自己的独特运动。我前面已经说过，这是因为某个特定团体或几个团体连续几年操作该股票导致的结果。

在进行交易之前而不是之后，我们应当充分调查和了解我们所要购买股票的全部信息。研究每只股票在上涨或下跌时的点数变化，仔细注意该股在主要运动或与小型波动的行情高潮时的交易量；该股到达顶部或底部是快速冲刺的还是缓慢爬行的；一些股票的顶部与底部都很陡直；一些股票的顶部是圆形的；一些股票的顶部是方形的；一些股票形成双顶或双底；一些股票会出现三重顶或三重底；另外一些股票则是单顶或单底，顶和底都很陡直。我说的双顶或三重顶是指股票到达某个价位后，接着出现一个大的调整，随后的反弹第二次、第三次上涨到第一次的同一水平。底部反之亦然。

## 顶部和底部——扁平或陡直

股票跟人没有什么差异——都有各自的习惯和行动方式。长期观察一只股票的运动就会熟悉它的习惯，我们就会很容易判断出该股下一步的动向；如同我们认识一个人很多年后，就会知道这个人在什么情况下会做什么事。记住，股市的运动是由人引起的，因此股市运动反映了人们内心的想法，揭示了有兴趣操作该股的特定人群的行为、愿望、希望、需求和目的。

股票的运动方式没有统一的定式。一些是领涨股，另一些则是滞后股；一些涨跌都很凌厉，另一些则运动缓慢。

领涨股会率先到达顶部，并构筑我们在图表上称的**扁平头部**——这就是说，这些股票上涨到某个水平并在这个水平维持几周或几个月，不同的股票会在或大或小的范围内震荡，但是不会比开始派发的价位高很多。当然，当熊市来临时，领涨股也会领先下跌。

滞后股则会在整个市场到达顶部区间后才开始上涨，因此会以极快的速度冲顶，从而形成我们知道的**陡直顶部**。这类股票通常不会在顶部停留，而是快速下跌，因为整个市场已经掉头向下了。相对于已经下跌的股票，逆势上涨的这类股票必然会遭受到更大的卖压。

随之而来需要回答的问题是：“那些形成陡直顶部的股票究竟是在什么位置派发的呢?”

这类股票在上涨的时候就已经开始派发了，并在下跌时派发。形成陡直顶部后，通常会急跌 10、20 或 30 个点，然后暂停一下。在这个位置，大多数人认为该股下跌太大已经不适合卖空；并且下跌充分而成为合适的买进品种。在这样的情况下，滞后股的派发通常在上一个顶部之下的 20～30 个点的位置；而领涨股在顶部的 5～10 个点区间就会派发。

领涨股会多次到达一个价格水平，一些股票甚至会达到10～15次。而滞后股的走势更像火山爆发，迅速冲刺到顶部后不再回到这个高位，因为把爆发出的买进力量释放后，该股很快会减弱到一个可以称为半正常的状态。这是一个急剧降温的过程。

## 派发所需要的时间

派发的时间是由股票本身决定的，包括股票发行的总数量、公司的整体情况，以及该股在公众当中的知名度和宣传力度等因素。

例如：在类似1919年的市场上，公众疯狂做多，买进他们所能见到的任何股票，连续60多天的日平均成交量达到了200万股。在这样的情形下，派发100万股无疑比在正常年份内要容易多了。当股票到达派发区间时，股价就会迅速上下震荡。同时，交易量会大幅增长，买进与卖出都会异常活跃。公众很容易被快速的向上或向下运动吸引，因为这是个赚钱的大好机会。

人们一旦相信了某件事情，他们会长时间信以为真。例如：一只股票曾经7～8次在不同的时间从120点涨到了150点——也就是说，每次该股下跌到120点附近就会掉头向上，重新回到140～150点。公众最终会确信：该股只要跌到120点就应当买进并能快速盈利。然而，当该股最终的派发完成后，再跌到120点它就不会反弹了；而每个人都采取了长期形成的交易定式操作，满怀着希望抱着股票。这只股票继续下跌10、30、40或50点，直到投资者和交易者因为厌烦或者害怕而开始卖出。

最为确切的派发信号包括：伴随大成交量的快速上下震荡；分红增加；公布针对持股人的额外权益，这些都是引诱买进的诱饵，上当的公众最终必然会造成巨大的亏损。

## 在吸筹或派发时间上的判断错误

在不同的市场阶段，吸筹或派发需要的时间长短也不尽相同。一个炒作集团可能在年初买进大量的股票，预计从春季开始上涨。股价在3～4月开始上涨，同时炒作集团卖出他们手中的股票，派发给公众。到了 6～7 月，该股出现一个急剧下跌，公众因为害怕而卖空他们在顶部买进的股票。这个时候，同一个炒作集团，也可能是另外一个炒作集团，买回这些股票，随后另一轮上涨出现了。在市场不同阶段会出现3～4 次这样的派发，这些派发只不过是小型派发。当到达了极限高位或最终的派发区间，所有的人都看多的时候，这只股票就会针对一次长期的熊市运动进行派发了。

同样的现象也会在下跌的过程中出现。市场在某个位置停顿并维持一段时间，接着会出现反弹。这个时候，空头会回补空单。之后市场继续下跌。接下来市场会经历 2～3 个变现派发的过程并到达最后阶段。在最后阶段的吸筹会导致新一轮的牛市。本书的图 11（108 页）和图 12（115 页）完全展示了这个过程，分别显示了铁路股平均价格指数和工业股平均价格指数各自不同的顶部与底部。

牛市上涨或熊市下跌的整个运动都可以分为 3～4 段波动；而个股则依照自身的时间因素和各自的摆动形成高点与低点。查看 82 页工业酒精（Industrial Alcohol）的图 6，我们可以看到在其下跌过程中出现的不同阶段和价格水平。每一个阻力位都可以成为一个底部，但是只是暂时性的底部，因为图表清楚地显示出随后的每一次反弹都没有形成更高的顶部。

许多股票会在接近牛市或熊市的行情尾声的时候横盘停顿一下，看起来像是派发或者是吸筹；又像是到达了最终的顶部或底部。但是这类位置，如果公众大量买进或是空头全部回补，就可能形成上涨形态。即使在很高或者很低的位置，一个软弱的做多或者做空的力量都会导致该股形成最终的顶部或底部。就跟工业酒精（Industrial Alcohol）显示的那样。

通常当股票接近最终的顶部时，职业的空头就会大量卖空。然而随后发生了一些令他们害怕的事情，迫使他们开始回补空单。他们的买盘加上公众的买进，会促使股价上涨到比原来顶部高一点的位置。所有这些在 108 页图 11（铁路股）和 115 页图 12（工业股）中清楚地显示出来。这条规则在零售商店（Retail Stores）的例子里也得到充分说明，该股票第一个底部出现在 1920 年 12 月，第二个底部出现在 1921 年的 2～3 月。

## 阻力位

在交易任何一只股票之前，我们都要尽可能获得这只股票过去几年的图表。仔细研究图表，注意以前形成顶部或底部的位置，以及已经出现过的阻力位。这样我们就可以判断进场的位置是安全还是危险。

假设在 1921 年，我们计划买进分红优厚并在未来继续看涨的铁路股。同时，并且认为我们恰好亲手绘制纽约中央（New York Central）从 1896 年到现在的图表（见 77 页图 5）。现在阅读“如何辨别强势股”——这一章关于纽约中央（New York Central）的内容。这样，我们就会发现：有了股票的记录，就可以了解这只股票的运动方式，并且知道我们买进的位置是接近运动的顶部还是底部。

如果我们绘制了一只股票的图表，图表中显示这只股票曾经从 10 美元上涨到 50 美元，现在的价位是 40 美元。那么现在买进该股并不安全，因为这个价位过于接近最高价并且远离最低价。当然，这并不是说从 50 美元回落到 40 美元的股票就不是适合买进的好股票；我仅仅给出一个在什么样的买进或卖出位置是比较安全的例子。不管是小型运动还是大型运动，我们都应当等到股票显示出遇到了阻力后，无论什么样的阻力，再买进或卖出。永远要记住，**进行任何一笔交易都必须有充足的理由。不要因为希望而买进或卖出，**因为这样做就是纯粹的**赌博，而赌博迟早都会遭受损失。**

## 极限顶部或底部之后何时买进或卖出

通过观察极限顶部或底部出现之后的调整或反弹，我们就能判断出买进或卖出的时间点。通常股票会调整 5～7 个点，有时是 10 个点；低价股则是 2～3 个点。

不管是小型运动还是大型运动，我们都要观察它们完成所需要的时间。在特别活跃的市场条件下，股票回调运动的时间很少会超出 2 天，通常第 3 天就会创出新高。我们可以在调整的第二天买进，并用 3 个点的止损单做保护。

如果股票变得呆滞或是在接近顶部或底部的窄幅区间，我们应当等待股票活跃起来再进行交易。

如果一只股票在顶部或者底部以下持续两周或两周以上的时间，随后变得活跃起来，并且创出了新高或新低，我们应当在刚活跃的时候，就进行买进或卖出操作。

## 在行情开始时进入股市

看到一只正在上涨的股票，很多人都会等到调整的时候买进，结果调整并没有出现，他们被甩在外面了。调整、回撤与反向运动通常只在吸筹阶段出现。当吸筹完成后，股价上涨脱离吸筹区域，并不会回落很多。这是什么原因呢？因为内部人士已经买够了他们所需要的股票，他们的下一个目标是把股价拉升到他们可以卖出股票的派发区域。一旦行情启动，他们就不会再回过头来让其他人搭便车的。

在华尔街犹豫不决的人会赔钱。因此，当我们看见股票开始上涨，如果非常活跃并伴随很大的成交量，不要等待，立即以市价买进。

这条规则也同样适用于卖出。当股票一旦跌破派发区域，我们要赶紧卖出持有的股票，并进行卖空操作。满怀希望坚持持有该股是毫无用处的，这只股票是不会再次回到一个我们希望卖出的高点的。这种情况的可能性就好比在20世纪，让一列已经驶离火车站20英里的火车返回车站，去接一个没有赶上火车的乘客。我们必须在火车提醒“所有乘客请上车”的时候登上火车，否则就会被留下。在股市中也是同样的道理。

当然，我们必须仔细研究股票并且能够判断出它什么时候会开始一轮大行情。通常，在吸筹与派发结束时，也就是股市上涨或下跌之时，我们在一两个月赚到的钱要比在股价窄幅波动时的6个月还要多。

## 窄幅波动与呆滞

在牛市顶部附近，股市总是以疯狂的波动伴随着巨大的成交量的形式达到最高潮。这个过程可能会持续几个月，最后高潮的几天内，日成交量会高达200～300万股。当出现这些信号时，我们就要注意：牛市就要结束了。

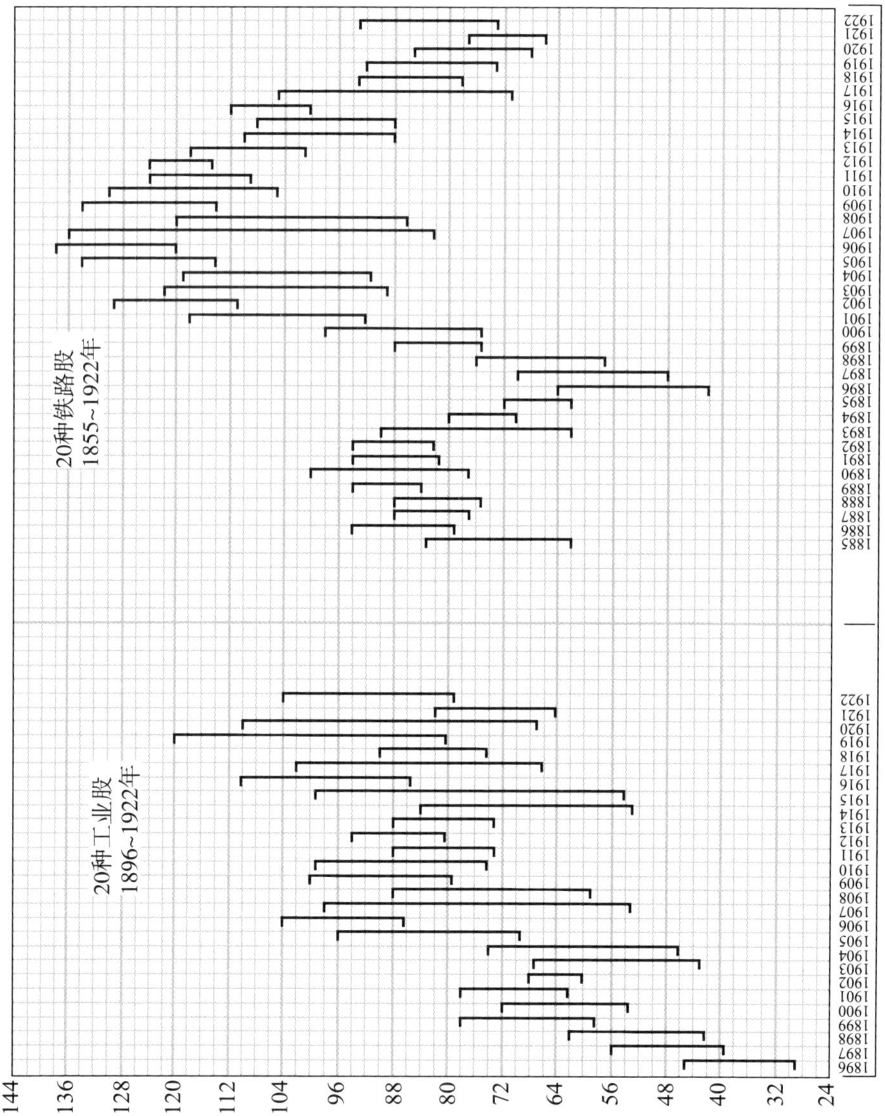


**图1　道琼斯指数最高点与最低点年线图表**

（20种工业股：1896~1922年　20种铁路股：1885~1922年）

熊市的到来会非常迅猛，下跌的过程中也是同样疯狂的波动，交易量也同样巨大。例如：1920 年 12 月 22 日，股市迅速下跌，成交量达到了 300 万股，这是年内成交量最大的一天。股市随后几周持续下跌，交易量也一直居高不下。这是最后的下跌高潮，随后一个大的反弹出现后，很多股票的价格再也没有回到先前的低点了。

很多年以来，无论是在顶部还是底部，如果出现 200～300 万股的成交量，这个信号总是标志着市场转折点的到来。如果一只股票或一个板块长时间地在窄幅波动，并且交易量也很小，这是正处于吸筹或派发阶段的信号，意味着变化正在酝酿之中。短则几周，长则数月，甚至数年，我们要观察股市本身确定的走向并跟随它。

**平均指数**——1921 年的铁路股平均指数变化幅度仅为 11 个点。铁路股平均指数在 1906 年从最高点 138 点下跌了 66 个点，11 个点是 1912 年以来波动幅度最小的年份。这预示着股票变现即将结束，因为铁路股都死气沉沉，每个人都不敢买进这类股票。然而，上涨却开始了。

对比铁路股与工业股的位置，我们在图 1 中可以发现铁路股与工业股在 1896 年都创出了极限低点；工业股在 1903 年出现了更高的底部，并在 1907 年的恐慌中再次抬高了底部；1914 年经济萧条时，工业股回到了 1907 年的底部附近；1917 年有所抬高，1921 年则只比 1917 年的底部低了 2 个点。而铁路股除了 1898 年，则创出了历年来的新低。

这说明了工业股受到了更好的支撑，处于比铁路股上涨得更快的盘势。工业股平均指数从 1921 年最低点上涨了 40 个点，而铁路股平均指数仅仅上涨了 27 个点。这就是我们通过比较不同板块的平均指数或个股，判断强势与弱势的方法。

许多股票下跌到低价区间并且窄幅波动的时候，往往就是吸筹开始了，这个过程可能会持续几个月。一旦这些股票突破这个区域，就会发生大幅度的上涨。我们应当关注这些股票的趋势变化方向并及时介入。例如：

**墨西哥石油**（Mexican Pete）——该股在 1918 年 2 月上涨到了 98 点；随后在 90～98 点之间徘徊，一直持续到 1918 年 5 月；接着又涨到 102 点，回落到 91 点；在 6 月份再次上涨到 102 点；回落到 96 点；7 月份上涨到

103 点，8 月份则一直在 100～102 点之间，仅仅 2 个点的区间波动，这是该股历史上波动幅度最小的月份。上涨到顶部后短暂的 1 个月的极端沉闷的走势，说明了这是一个吸筹阶段。内部人士在真正大涨之前做了一个小小的等待，让每个人有机会卖掉持有的股票，并培养大量做空的兴趣。

因此，这说明一轮大规模的上涨或下跌行情已经准备就绪。9 月该股回落到 98 点，接着涨到 104 点，这个价格是自 1917 年 1 月以来的最高价。接下来该股持续上涨到 1918 年 10 月的 194 点，期间仅仅出现几次小的调整。在回落到 146 点形成更高的底部之后，该股一路上涨，最终在 1919 年 10 月到了 264 点。

# 第十三章　股票的分类

## 新股值得买进赚钱吗

当一家公司成立后，并在场外市场或纽约证券交易市场上市的时候，股票持有在内部人士或公司股东手中。为了筹集经营公司的资本，他们要卖出一些股票。因此这些股票将配售给公众。然而，这些股票在短期上涨后，就会第一次被抛售，买进并持有股票的人注定会赔很多钱，除非在赔钱之前已经赚取了一定利润。例如：

**美国钢铁**（U. S Steel）——1901 年美国钢铁公司开始组建，总共以 40 美元的价格发行了 500 万股的普通股。在不到 60 天的时间内，该股就上涨到了 55 美元。然而在 5 月 9 日，北太平洋铁路战争[①]的发生迫使该股跌到了 24 美元。此后，该股反弹的最高价仅仅到达了 48 美元。之后就是长期的缓慢下跌，直到 1904 年的春天跌到了 8⅝美元。在接下来的 1 年内，美国钢铁（U. S Steel）在 10～12 美元之间的区间波动。这个时候是

① 译注：1901 年，J·P·摩根和雅各布·谢弗（Jacob Schiff）之间爆发了华尔街最后一场铁路股票投机大战。摩根和谢弗竞相购买北太平洋铁路股票导致股价暴涨，此股的空头们被迫抛售其他股票来履行交割，由此引发其他股票的价格暴跌。

我们应当买进的时机，因为这只股票已经达到内部人士会支撑的股价，并且买回所有他们曾经以40美元卖出的股票的价格水平。

该股直到1908年重现回到50美元以上。因此，那些在刚发行就买进的人，要一直持有该股票7年才能保本。此外，他们在该股接近最低点时账面损失了75％的本金。一个人究竟需要多大的勇气和信心才能一直持有一只赔钱的股票呢？这是少数的几只股票价格能够回到第一次派发区域之上的例子之一。另外的几百只股票要么被重新评估，要么干脆退出了市场。

**泛大陆石油**（Transcontinental Oil）——这是另一个在1919年亏掉公众几百万美元的例子。泛大陆石油在1919年以45美元发行，并在当年11月上涨到62美元。成百上千的人在诱惑的驱动下买进该股，而且有人告诉他们该股会涨到100美元，甚至更高。由于内部人士已经把股票全部卖给了公众，该股因此失去了支撑，并开始了漫长的下跌过程。在接下来的12个月多一点，也就是1920年12月，泛大陆石油的股价跌到了6美元。如果一个人在接近最高点的顶部买进的话，此时，他的本金只剩下10％了。

绘制这只股票的图表并仔细研究，可以看到该股在顶部与底部的形态。在1920年跌到6美元以后，接着在1921年4月份上涨到13美元；1921年8月又跌到了6美元。此时，该股开始变得低迷，这显示了股价已经到达了卖盘稀少，有人开始买进的位置。1921年12月，该股涨到了12美元，比当年4月的高点低了1美元。在1922年3月，股价再次跌到了7.5美元。这个时候，该股再一次变得缺乏活跃性。这表明，股价获得了支撑，股票变现已经结束了，因此是买进的时机。该股从1922年的5月20日开始上涨，并且转为了上涨趋势。

泛大陆石油并不是特例，在1919年市场景气阶段发行的所有的新股几乎都以同样的方式下跌。我们始终要牢记：在市场景气期间人人争抢的新股一定是高价发行的，如此高的发行价格正是为了在股票下降过程中能不断卖出。因此，我们在买进新股时必须特别谨慎。在股票开始下跌时要迅速退出并转为卖空操作。

还有，当我们认为股票已经到达底部，我们要等一等，给股票一段时间让它们自己说明究竟是有足够强劲的需求导致股票到达了长期性底部，抑或仅仅是临时性的底部，几个月后还会击穿这个底部继续下跌。当股票到达顶部或底部时，我们不需要急于进场或退出，因为无论在底部区间吸筹还是在顶部区间派发，内部人士都需要相当长的一段时间。

## 买进成熟的老股票

派发大量的股票到无论涨跌都继续持股的投资者的手中，这需要时间，甚至可能要花好几年时间。因此，通常一只股票的炒作周期需要很多年，可能需要5～10年的时间才能把所有的股票派发到投资者手中。之后，这只股票的波动区间会很狭窄，因为是投资者持有该股，没有人再去炒作了。

但是，要谨记一件事，当股票被投资者持有后，这只股票中就没有什么内部人士的钱在里面了。除非出现一个时机，内部人士刻意制造某种恐慌，促使投资者卖出手中股票。这需要很长的时间，因为投资者对手中所持股票信心十足，并且多年持有该股而不卖出。只要这只股票还在分红，他们就会感到安全并一直持有。

最后当这只股票跌到了很长时间都没有见到的低位时，大规模的卖出开始了，因为没有任何重要位置做支撑，股价迅速下跌，直到有明智的操纵者将其再次买回来。这就是为什么卖空一只股票在距离顶部50个点比10个点更安全的原因所在。因为没有任何支撑，所有人都想卖出，没人愿意买进。这样的例子我可以举出几百个，但是几个例子就足以说明了。

**纽黑文**（New Haven）——这只铁路股在30多年内一直支付着4%～10%的分红。当这只股票都被投资者持有的时候，下跌开始了。该股从280点跌到200点时仍然支付分红，投资者认为一切都还正常，因此继续持有该股。1911年，该股跌到150点时，仍旧支付8%的红利，投资者则继续持有该股票，因为他们觉得这只股是安全的：它已经支付了这么多年的红利了。

但是不再持股的内部人士已经卖空该股好多年了，他们知道红利延期支付的时间就要到了。1913年该股分红降到5%，股价也因为大量的股票变现而下跌到66点。随后反弹的最高点也不过是1915年的89点，全部的分红在1914年终止了。很多持有该股的人继续坚持，即使不再分红的情况下还继续抱有希望。但是随着股票的缓慢下跌，他们的希望破灭了，并以能够卖出的价格卖掉手中所持的股票，结果导致该股在1921年跌到12点。

这充分说明：股价永远没有最低，只有更低；没有最高，只有更高。有多少人会知道曾经高达279点的纽黑文（New Haven）可以在50点的价位卖空吧？没错，在其一路下跌到12点的过程中，卖空都是很安全的。当股票变得适合卖空时，在什么价位上卖空并没有什么差异，重要的是我们要根据具体的情况去操作。

**太平洋联合**（Union Pacofic）——同样的情形也发生在卖空操作上。很多人知道在1896年太平洋联合（Union Pacofic）的股价是3½美元，而重新评估价则是20美元。人们并没有意识到该股会在1899年涨到50美元。因此卖空该股的人纷纷破产。在该股重新评估的10年后，股价涨到195⅜美元，并支付10%的红利。该股后来在1909年涨到了219美元。

因此，那些总是记得这只股票历史最低价的人，思路不够开阔，没有看到E·H·哈里曼（E. H. Harriman）① 能够带来的变化。他们逆势卖空这只股票而损失惨重。如果他们能顺势操作而不是逆势而为，就能够获得财富。

**美国糖业**（Am. Sugar Refining）——另一只经过多年强烈波动最终派发到投资者手中的股票。该股几乎被投资者全部持有之后，很多年来一直是窄幅波动。1919年，该股的分红增加到10%，这是20年以来的最高点。然而，即使在股市最活跃的时期以及糖价到达极限高点的时候，该股都没有能够上涨到1898～1906年期间炒作与派发的价格水平。

1921年，该股不再有分红，并且股价下跌到47⅝点。所有人都看到了该股毫无预兆地快速下跌到了底部。那么我们不禁要问投资者怎样才可以知道什么时候卖出股票才能够保护他们的投资？我们假设在1919年最高价时，美国糖业（Am. Sugar Refining）并没有卖出该股的迹象和警告；但是一定会有一个位置，在该股下跌到这个价格水平时，该股显示出了软弱

① 译注：E·H·哈里曼（1849～1909年）是美国当时的金融和铁路巨头，也是太平洋铁路股的战争的主角之一。他一直到死都很富有，大约有3亿美元左右资产，在他生命的最后三四年中他赚取了大约上亿美元的利润。

的状态，以及没有支撑的情况。

1914 年，这是充满恐慌的一年。美国糖业（Am. Sugar Refining）的最低价只有 97 点；1915 年为 99½点；1916 年为 104 点；1917 年又是恐慌的一年，达到 89⅛点；1918 年为 98 点；1919 年为 111¼点。到了 1920 年，该股在年初涨到 142 个点，所有事情似乎都很顺利。但是，随着该股跌破了 111 点，也是 1919 年的支撑位，持续下跌到 98 点，也就是 1918 年的支撑位。此时的情况已经显而易见，所有的支撑都将失效，投资者应当卖出。如果他们愿意，还有机会在股价低于 50 点时再次买回来。

综上所述，我们在买进新上市的新股时必须十分谨慎。同样对于那些已经分散到投资者手中，公司经营多年丧失了活力的股票，我们在买进时也必须慎之又慎。赚大钱的时机是要做行情的波动；赚取点数的盈利要选股票的派发期，派发期的长短从 1～5 年不等，有的甚至更长。在这之后，你必须寻找新的活跃股。

股市行情变化是由人引起的，因此会反映人的活动性与能量。一个年轻的人比一个年迈的人活跃并且行动也快，但是犯错也多、起伏也大；而老年人则开始走下坡路了，年龄已经制约了他，几乎没有恢复过来并回到以往状态的机会了。老股票也是同样的道理。因此，我们要始终操作自己中意的、在纽约证交所中价格剧烈波动并伴随巨大成交量的活跃领涨股。

## 卖空低价股

我们应当谨记，有人卖出就有人买进，反之亦然。时刻要明白这样一个事实——无论股价的高低，股票的数量是一样的，并且在任何时候都有人持有某家公司现有的股票。例如：

**美国钢铁**（U. S Steel）——该股在 1904 年 5 月跌到8⅝点的历史最低价时，股票的数量为 500 万股；同样的，当该股在 1917 年 5 月涨到 136⅝点时，股票的数量还是 500 万股。有些人在股价最低时拥有这 500 万股；有些人在股价高的时候拥有同样的 500 万股。内部人士在底部时持有该股；局外人则在顶部时买进该股，理由就是该股此时的分红高达 17％。当该股停止分红后，股价就会下跌到最低点。

绝大多数公众买进低价股的原因是他们认为股价不会再下跌了，并且希望低的股价会导致上涨。这当然是一种错觉，没有任何充分的原则作为根据。大多数时候，股价低代表这些股票就值这么多，甚至还不值这些钱；股价高的时候，说明股票就值那个价，或者说一定有值这个价的原因。

某些低价股总是变为公众的热门股，因此他们争相买进。结果使得炒作团伙和内部人士有机会卖出这些股票。当然，因为已经没有任何支撑，这些股票会下跌，公众的买盘消耗殆尽后，也就不能再买进了。股价持续下跌导致公众极其厌烦，在接近底部时卖出了手中的股票。通过卖空那些公众长期感兴趣的低价的热门股，我们总是可以赚到很多钱的。例如：

**南部铁路股**（Southern Railway）——这是一只 1901～1920 年很受南部交易者追捧的热门股。每次这只股票上涨到 30 点以上，他们就会成为激进的多头，希望该股会继续上涨到 50 个点，甚至更高。看一下图表我们就知道，每当公众大量买进的时候都是一次很好的卖空机会。

**艾瑞**（Erie）是另一只公众满怀希望买进，但常常在相对低价位存在卖空大机会的股票。在公众因为厌烦而在接近底部卖出之前，该股总是会出现下跌。

低价股经常比高价股下跌的比例大。因此，用中低价的股票进行卖空操作更安全，因为这些股票很少有反弹。

## 买进高价股

当一只股票开始上涨，比如说从 100 点左右，每当上涨 5～10 个点就会有大量的股票被卖出，那些认为股价足够高并且有利润的人就会卖出。如果继续上涨，大部分的公众都会卖出。同时，专业的交易者和公众都会认为股价已经太高了，因此纷纷卖空该股。大家都盼望着调整，但是调整并没有出现。这只股票继续上涨，直到涨到所有的空头受到重创，并回补空单离场的位置才停止。

很多人看到一只从 100 点涨到 200 点的股票后，他们就会确信该股会持续上涨而买进。结果，该股在高位多头增多但却很疲弱；与此同时，空头跑步进场。这样，该股最后当然是开始了长线下跌。通常认为股价 110 点很高的人，在股价涨到 200 点又下跌到 180 点时，反而觉得股价很便宜。当所有的人都认为股价太高了需要调整的时候，我们总是可以通过买进高价股而赚钱。

在股票被吸纳的同时卖压也不复存在了，因此，股票会在低价停滞不前并出现回落；当涨到高价时反而迅速上涨，鲜有回撤。当然，所有股票最后都会到达派发位置，这里供应会超出需求，因为每个买入该股的人最后目的都是要卖出它们。**巨额利润都是在牛市的最后阶段赚取的，这个阶段的股价变动最为活跃；对于空方来说，巨额利润是在熊市的最后阶段赚取的，因为那时每个人都想卖出，没有人愿意买进。**

## 对你不利的股票

任何一个进入股市 10 多年的活跃交易者，如果认真分析自己的交易经历，他总是会发现有些股票无论怎么做都不能赚到一分钱。他似乎总是介入太早或者太迟；不管是做多还是卖空，最后总是赔钱出局。而另外一些股票似乎总是顺着他的意愿发展，以致他把它们称作自己的宝贝。其中必定有缘故的。凡事皆是必然，世界上没有无因之果。当你发现一只股票总是和你对着干，就远离它，放弃交易这只股票。坚持交易那些向着你的股票。我能够向你解释其中的原因，但这并不是必须要解释的；即使解释了，你们中的大多数人也不会相信①。

我个人的交易经历和对前因后果的分析使我能够发现这些事情的原因所在。很多年来，墨西哥石油（Mex Pete）是我的幸运股，我总是能从这只股票上赚到钱。我对该股走向的预测如此准确，以至于全国订阅了我的股市通讯的人都称我为“墨西哥石油专家”。我能抓住该股 90％的上下波动的行情，就像我自己操纵该股一样。还有其他许多只股票也是我的幸运股，而另外的一些股票则完全违逆我，我从来没有在这些股票上赚到钱。

① 译注：江恩第一次直接向读者表明了他掌握了一般人难以理解的神秘预测方法。

你是否知道一件事情为什么是这样而不是那样的真正原因，其实没有什么不同。一旦经验告诉你有什么东西与自己作对，唯一要做的就是赶紧放弃。

## 第十四章 怎样正确解读盘势

正确解读盘势的最好方法就是不要紧盯着盘面，而是记录下每天的价格与成交量，亲手绘制出图表，在不受市场上谣言、传闻、报告，以及盘势显示的仅仅持续30分钟至1个小时的波动影响的情况下，做出自己的判断。无论是主要运动还是小型运动，一旦最终的顶部或者底部形成后，都会通过成交量和构筑顶部或者底部所消耗的时间在行情开始之前清晰地显示出来。

一只股票想要上涨就必须先调整。如果要保持持续上涨，期间连续形成的顶部与底部必须依次抬高，直到该股到达某一个价格水平，在这个价格水平，卖出的力量非常强劲，大到市场的需求不能完全吸纳如此大的股票供应的数量。随后会出现调整，股价又会跌到一个股票的需求大于供应的价格水平，趋势也会掉头向上。

**斯图特贝克**（Studebaker）——查看斯图特贝克（Studebaker）从1920年9月到1923年1月的周线高低点**图表**（见图2）。1920年9月25日，该股从66点开始下跌，在10月2日下跌到54点，在10月9日的那周反弹到59个点。接下来的4周内，股价没有继续上涨，维持在同一价位。这说明了股票供大于求。11月3日该股开始下跌，到11月8日，股价已经跌破了10月2日的最低点54点，这说明趋势已经向下了。

从10月9日到11月6日，股价一直在2～3个点的范围内波动，每周都会涨到59点附近。紧盯盘势的人被愚弄了好多次，因为每当涨到59点时，都看起来似乎会继续上涨，他们怎么可能辨别出买盘的力量是否足够大到突破这个价位呢？当一只股票在一个价位出现这样的情形时，你正确的做法是：卖出手中的股票并同时卖空该股，同时在高于这个价位1～2个

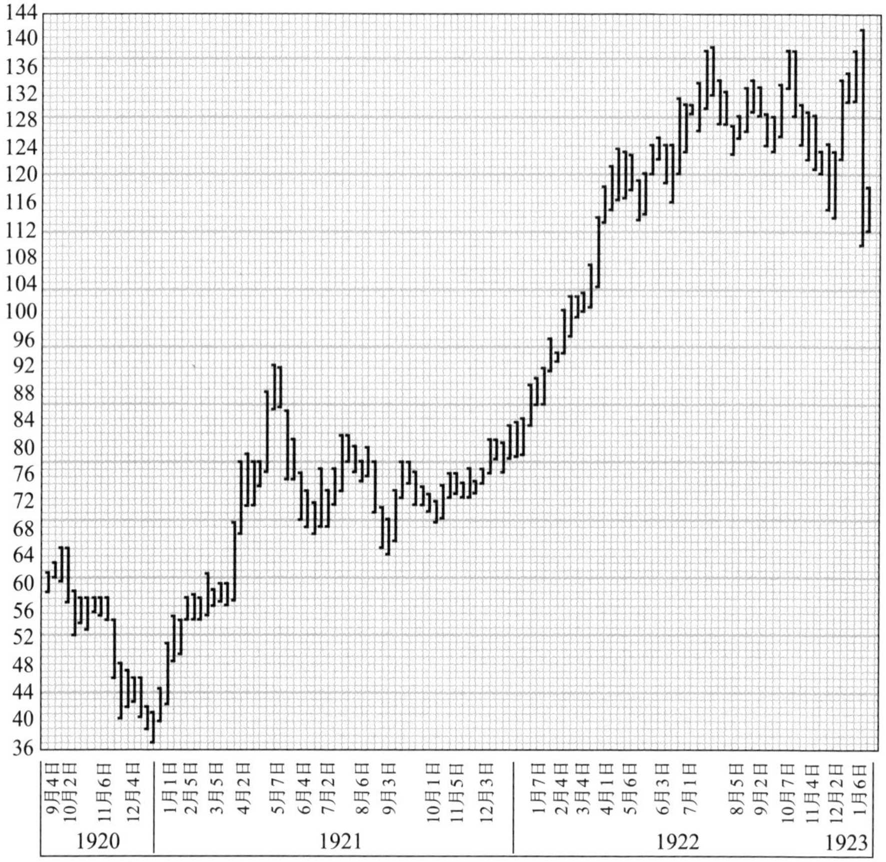


**图 2　斯图特贝克（Studebaker）最高价与最低价周线图表**

1920 年 9 月 4 日至 1923 年 1 月 6 日

点设置止损单。接着就是等待供应或需求两者之一迫使股价的上涨或下跌了。

还是这个例子。11 月 20 日，斯图特贝克（Studebaker）迅速下跌到 41 点，在接下来的 1 周内又反弹到 48 点。此后该股每周的高低点都依次降低。在 1920 年 12 月 25 日那周，该股的最高点为 41¾，最低点为 37¾。尽管交易量很大，但是该股的价位与前一周相比下跌没超过 2 个点，并且收盘价接近这周的最高价。这说明买方力量已经超出卖方力量了。随后的一周，该股涨到 45½ 点。这个价位超过了前两周的最高点，但是在 47～48 点的时候该股遇到了阻力。在 1921 年 1 月 8 日的那周，该股突破这个阻力位上涨到 52 点，并且继续涨到 59 点，即 1920 年 10～11 月形成的阻力位。

斯图特贝克（Studebaker）再一次从这个阻力位回落到 55 点附近。在 2 月 19 日的一周内突破了阻力位上涨到 62 点，这说明了趋势再次掉头向上。如果我们先前卖出该股并以 60 点作为止损价进行了卖空操作，在股价突破了这个阻力位后就应当回补空单并转为做多。

请注意，该股连续 3 周内的价位只是维持在一个很小的范围内，并且没有回落到 58 点以下。随后的上涨一直持续到 4 月 2 日，涨到了 80 点，这个价位高于上一个最高价。从这个位置开始，该股又回落到 72 点；但是接下来的一周，该股在更高的位置获得了支撑。因此，该股随后每周都在上涨，一直到 1921 年 4 月 30 日的那周末上涨到 93 点，并且交易量达到 359760 股。在 5 月 7 日的那周，该股从 92½下跌到 87 点，交易量达到 227300 股。

现在，从 1920 年 12 月 25 日那周形成的底部 37¾点观察，可以发现每一个反弹都是从更高的底部启动的。这说明买盘要强于卖盘，并且在涨到 93 点之前市场都没有出现供大于求的情形。在 93 点附近的巨大成交量表明卖压大到足以阻止股票继续上涨了。我们注意到 1921 年 5 月 9 日那周的开盘价是 86 点，低于成交量很大的前两周的最低价。这是第一个预示该股趋势已经发生变化的迹象，我们应当卖出股票并转为卖空操作。

这次上涨持续了 4 个多月，一共上涨了 55 个点。在这段时间里，周线的图表显示了趋势一直都没有变。然而在这段时间里，如果我们回溯行情，就会发现有很多次盘势会让我们卖出手中的股票并转为卖空操作，并因此损失很多钱。为什么呢？因为一个持续 30 分钟、3 个小时，或是 3 天的向下运动也许会愚弄我们，使我们相信趋势已经发生了变化。

在斯图特贝克（Studebaker）下跌趋势开始后，该股陡直下跌到 1921 年 5 月 28 日那周的 70 点。我们注意到之后的 3～4 周内该股一直在一个小范围内波动，仅仅比 70 点下跌了不到 2 个点。这说明这个位置获得了一些支撑。接着在 7 月 9 日结束的那周，该股反弹到 82½点，并在这个价格附近停留了几周。这说明再一次遭遇到了强大的卖压，趋势再次向下，一直下跌到 8 月 25 日的 64¾点。接踵而至的是一个陡直的反弹，在 9 月 10 日股价涨到 79 点。随后的 5～6 周内该股缓慢下跌到 70 点，并在 4 个点左右的区域持续了 6～7 周。

最后，在 1921 年 12 月 10 日结束的那周，该股穿越 9 月 10 日的高点，但是再次在 7 月 9～16 日那周曾经到达的 82 点左右止步了。随后，上涨开始了。股价长时间进行窄幅波动说明正在进行吸筹。该股继续上涨，阻力位一个个被突破，直至在 1922 年 4 月 22 日达到 124½点。随后就是一个快速的下跌，跌到 114¼点，又从这里上涨到了高于前一个高点的 125⅞点。该股从高点小幅下挫，成交量也不大，在 6 月 17 结束的那周跌到 116⅝点，再次获得了比 1922 年 5 月 13 日 114¼点更高的价位支撑。

随着交易量的放大，该股变得活跃，股价在 1922 年 7 月 19 日上涨到 139⅜点，并且在过去两周内的成交量达到 40 万股。此外，该股从 116⅝点上涨到 139⅜点的总成交量也达到 160 万股，这是该股总股本的 3 倍，流通筹码总数的 5～6 倍。这说明了该股正在派发，公众正在买进，内部人士则在抛售。

该股在 1922 年 8 月 12 日开始下跌，当天就跌到 123 点，交易量仅有 11 万股。接下来一周该股在 4 个点左右的范围波动，成交量是 4.6 万股。这说明卖压还没有大到足以导致该股大幅下跌的程度。该股又上涨到 134 点，接着在 9 月 30 日下跌到 123¾点，没有跌破 8 月 12 日的最低点。

在这之后，快速上涨开始了，在 1922 年 10 月 14 日那周结束的时候，该股涨到 139⅜点，与 7 月 19 日的高点相同，这周的成交量达到 20.5 万股。这是一个卖出的迹象，我们应当卖出手中的股票并进行卖空操作，止损单设置在高于先前高点的 2～3 个点。接下来的一周成交量为 24.2 万股，股价也下跌到 129 点，这显示卖盘已经大于买盘。股价继续走低，在123～122 点遇到了顽强的抵抗并停留了 2 周。

最后，在 1922 年 11 月 25 日结束的那周，该股迅速下跌到 116 点，并在 11 月 27 日（星期一）又下跌到 114¼点，这与 1922 年 5 月 13 日调整形成的低点相同。此时，一个站在行情报价机前面观察盘势的人，几乎不可能记得 114¼点也是 5 月 13 日的最低点了。因此，这里就是该股上一次获得支撑的点位，而且从这里开始反弹并且创出了新高。但是那些把行情记录下来并且绘制成图表的人必然会盯着这个点位。当股价到达 114¼点时，报价带显示了大量的成交。这清晰地显示了股价在这里获得了支撑，我们应当在这里买进股票，并采用止损单进行保护，止损点设置在老的阻力位114¼点之下1～2个点。

该股在1922年12月2日结束的那周反弹到了123¾点，成交量为24万股，这说明了买方力量再次超出卖方力量。我们注意到两周的最高价是125½点。在12月9日开始的那一周，该股特别活跃并且成交量也非常大。分红高达25%的利好消息公布后，该股继续上涨到134¼点，那一周的成交量达到50万股，这是斯图特贝克（Studebaker）从1920年12月37¾点上涨以来，成交量最大的一周。这是最直接的证据，证明了公众正在买进斯图特贝克（Studebaker）；同时也说明该股已经进入极度活跃与兴奋的区域，这样的区域几乎总是标志一轮上涨或下跌行情的结束。

上涨仍然在持续，该股在1922年12月27日上涨到一个新的高点141¾点。两天后该股除权。成交量在12月30日结束的那周达到24万股。在除权后，该股跌到110⅜点，随后在1923年1月2日反弹到了119点，按照复权计算相当于148¾点。

在1922年5月13日到1922年12月30日期间，该股的总成交量达到700万股，股价波动范围是从114¼～141¾点。现在交易量告诉我们，斯图特贝克（Studebaker）总股本在27个点的范围内换手了15～20次。毫无疑问，当该股上涨到100点以上后，派发就开始进行了，该股正在酝酿一轮长期的下跌。投资者不应当因为该股10%的收益，以及宣布25%的分红而买进，反而要卖出手中的股票并转为卖空操作。

现在需要解决的问题是我们如何判断1923年1月该股的强弱形态。在上涨到119点后，该股开始下跌。我们应当卖空并将止损价设置在120～121点。阻力位114点跌破后，该股的趋势就向下了。当该股跌破1922年12月29日形成的110点时，该股处于一个弱势形态[①]，并将继续下跌直到时间和成交量同时显示出获得支撑的信号。时间是指股价在一个支撑位置停留数周并不能出现新低。斯图特贝克（Studebaker）派发所需要的时间周期大约是8个月，即从1922年的4～12月。我们注意到上一次吸筹的阶

① 译注：江恩在这里关于斯图特贝克（Studebaker）除权后走势分析的论述中，我们可以认为对于除权股的技术分析是以除权后的股价作为基础的。

段，该股在大约 65～80 点之间波动，吸筹阶段大概持续了 6 个月，即从 1921 年 6～12 月。该股从 1921 年 8 月 25 日的最低点上涨了 76 点，如果算上分红，大约就是 84 点。

我们可以用同样的规律和推理去判断任何一只个股的趋势。在吸筹与派发阶段，试图通过盘势解读来抓住毫无意义的小波动是一个错误，这样的投资者一定会被盘势多次愚弄。因此，正确盘势解读的方法是：持续把 3 天到 1 周的（价格）运动和成交量绘制在一个图表上。当然，你必须要把流通股总数与浮动的供应量考虑进去。在这里，我要再次强调：正确解读与准确理解盘势的方法就是不要紧盯盘势。

# 第十五章　行情什么时候结束并给出最终的信号

盘势能够告诉我们真相，但是不可能在 1 天、1 周或是 1 个月内就全盘托出。当一只股票进入买进或是卖出区域的第一天，盘势就会开始说出事实，但是完整的事实则需要时间。无论是吸筹还是派发，以及一轮新运动即将开始的最后信号，我们需要汇集所有事实。在**图表 3** 中展示了美国橡胶在 1919 年的顶部，这是一个非常重要和有价值的例子。

**美国橡胶**（U. S. Rubber）——1919 年 6 月，美国橡胶上涨到了 138 点后，回撤到 124 点；随后再次反弹到 138 点，股价这个水平上下一直维持到了 8 月。这表明卖压已经足以阻止该股继续上涨。股价在 9 月下跌到了 111 点，10 月再次反弹到 138 点，11 月上涨到 139 点，11 月又下跌到 133 点。股价在 9 月底部上方的 2 个点获得了支撑。随后在 12 月的反弹中到达了 138 点，1920 年 1 月，上涨到 143 点；也就是说，比 1919 年 6 月的最高价高出 5 个点。

通常，尽管创出新高是股价将继续走高的标志，但是当一只股票上涨到新的价位区间后，如果要继续上涨，股价就应当持续向上，并且不能跌回先前老底的下方。在这个例子中，美国橡胶在短短几天之内下跌到了

**图 3　美国橡胶（U. S. Rubber）最高价与最低价月线图表**

1914～1922 年

136 点，表明该股遭遇了沉重的卖压。新高是空头回补和外部买进的原因形成的。卖盘从 1919 年 6 月开始出现，直到此时仍然有人一直在供应（派发）该股。

1920 年 2 月，该股急促下跌。当股价跌破上一个支撑位 112 点时，这是该股派发结束和一轮大的下跌运动即将开始的信号。美国橡胶从 1917 年 12 月的 45 点向上攀升之后，在先前的 1919 年 6 月就显示卖压开始了。然而，盘势无法告诉我们卖压或是该股全部的派发会在何时结束。但是到了 1920 年 2 月，盘势终于将该股的情况总体呈现出来了。此时，该股在跌破 112 点后，直接下跌到 92 点，反弹也再没有能超过 115 点，最后在 1921

年 8 月下跌到了 41 点。在一路下跌的过程中，卖压一直都清晰可见，而且该股不断形成更低的底部和顶部。盘势一直在说明该股的部分真相，但是直到 1921 年 11 月才宣告下跌完成①。该股经过 3 个月的窄幅波动后掉头向上，股价进入了新的高价区间。

现在我们就明白了，任何一轮大跌或是大涨之后都需要一段时间才能确定下一轮大型运动何时开始。那些每天都试图从盘势中解读出下一轮运动何时开始的人自然会被愚弄很多次。因此，我们应当等待，直到盘势给出大趋势已经改变和主要运动已经开始了的确切标志。一个公司的股本越大流通股就越多，吸筹和派发所需要的时间也就越长。在判定一只股票是否在进行吸筹和派发时，无论是上涨还是下跌，我们必须把该股从最低价到最高价的总点数以及对应的时间长度都考虑进去。

美国橡胶从最低价上涨了 100 个点后，在同一高位调整了 8 个月，并且经历了 1919 年 11 月的恐慌性下跌后，清楚地表明牛市已经结束。我们不能再期盼美国橡胶还能创出新高，或是继续上涨到非常高的价位。但是，我们卖空之前还要再等几天，看看这个价格是否还能维持。最高价与最低价日线图表、最高价与最低价周线图表，以及成交量都会帮助我们确定何时会出现这类的佯动而实际上趋势已经逆转了，因为当这类创出新高的走势出现后，会导致空头回补并使得该股处于弱势的技术形态②。

## 吸筹和派发的时间

如果一只股票消耗了几个月时间进行吸筹或是派发，那么在吸筹与派发之间也同样需要运行几个月时间。所有的股票在第一次反弹的时候就要卖出，甚至在第二次或是第三次反弹也一样。股票在一路上涨过程中必然有人买进，并因此获得支撑。只有出现股票的供应大于需求的情况下，内部人士才会卖掉自己手中的股票。这个时候，走势就显得犹豫，股价会在一个或小或大的范围内上下波动一段时间，波动范围的大小取决于股票的

① 译注：美国橡胶在 1921 年 8 月到达 41 点，并不意味着下跌行情结束；而是筑底 3 个月后，股价上涨脱离底部后才能确定下跌结束。

② 译注：江恩这里指出了一种创新高后技术形态变成弱势的情形。

种类。这个过程一直持续到该股的派发结束。

当一只股票开始下跌时同样也是如此。要使公众相信一只股价在140点的股票将会下跌到100点同样需要很长的时间。一些交易者会在该股下跌10个点时买进；另外一些人则会在下跌了30、40，甚至50个点时买进，因为与先前的140点相比，这只股票变得便宜了。结果随着该股继续下跌，他们因为害怕而纷纷卖出，直接导致股价最后一次急促的下跌，幅度可能达到10～30个点。

只要你能够学会观察和等待，就能赚很多的钱。但是若太急于变得富有，结果却只能破产。因为他们仅仅依据希望买进或是卖出，而没有其他任何理由。

# 第三部分　怎样判断股票的强弱形态

读书时不可存心诘难作者，不可尽信书上所言，亦不可只为寻章摘句，而应推敲细思。

——弗朗西斯·培根

交易者只有进行了交易才能赚到钱。当然，这是指在正确的时间买进与卖出的情况下。因此，他必须观察，找出合适的时间开始他的交易，并且在合适的时间结束这笔交易。正确的时间入场而没有在正确的时间离场的话，还是会遭受失败。无论是买进还是卖出，采取行动的时机是由当时市场的情况与我们计划交易个股的强弱形态决定的。一些股票在牛市结束时买进就可能盈利；另外一些股票在熊市结束后卖空也能赚钱。这样的情形在“怎样判定强势股”与“如何判断一只股票何时处于弱势”中进行了详细阐述。

不要因为其他板块中的一只股票上涨，就买进另外一个板块中的一只股票；也不要因为同一板块的一只股票开始下跌，就卖空另外一只股票。我们要分析打算交易的个股强弱形态，弄清楚该股的吸筹或是派发是否已经完成了。思考要先于行动，眼睛要先于动作。我们在买进之前一定要仔细评估，并切记安全比遗憾好。接受一个小的损失并迅速离场，总是比空抱希望持有股票导致大损失要好得多。

# 第十六章　股票板块的强弱形态

观察不同股票板块的强弱形态非常重要。我们要想在股市中成功就必须与时俱进，紧跟领涨股。具体方法就是从每个板块中挑选出几只股票，分别绘制最高价和最低价的月线图表；同时绘制不同股票的年线图表。这些图表覆盖过去时间的范围越大，你就能越准确判定该板块的强弱形态。

很多年以前电车板块与铁路板块都是领涨股；接下来是铜业板块的繁荣；随后是汽车板块、橡胶板块和石油板块。当然，每隔几年不同的矿业股也会成为领涨股。但是，我们买入这类股票时要很小心，因为它们或许是最不确定的股票。

在过去的几年里，始终交易铁路股的人几乎没赚什么钱，因为铁路板块没有出现什么机会；而汽车板块、橡胶板块和石油板块中的股票却出现大幅的波动，提供了不同寻常的交易机会。

铁路板块的时代已经过去了，将来赚大钱的机会也不会落在这类股票上了。汽车工业的竞争变得越来越白热化，但是竞争最终会平缓下来。因此，这个行业的投资会有一定的回报，但绝对不是巨额利润。正是基于这个原因，我们必须清醒地认识到未来只有新事物才会提供不同寻常的机会，并因此吸引投机者参与导致股价剧烈的波动。

我们将来必须时刻关注新行业的发展和这些行业发行的股票，就如同过去卖掉铁路股买进汽车股才能赚到大钱一样。那些在1916年卖掉橡胶股买进石油股的人，在1918～1919年都赚了大钱。

我判定在未来的几年，飞机股与无线电股将会同过去的石油股与汽车股一样赚得巨额利润。化工股在未来也有很好的机遇，因为战争以来我们国家的化工产业取得了长足的进步，化工行业有着广阔的成长空间。

股价大幅波动是交易者获得大笔盈利的必要条件。如果一只股票长期每年都在20～100点之间波动，无论是做多还是卖空，抑或是双向操作，我们必然能赚到不少的钱。但是当股价波动的范围缩小到每年 5～10 个点，我们赚到大钱的机会就少多了。

1916 年，铜业股的股价达到了多年以来的最高价。但是在 1919 年，石油股和工业股创出历史新高的时候，铜业股则只有一个适度的反弹。随后，铜业股逐年走低，一直到 1920 年和 1921 年。通过绘制铜业股板块以及其中几只领涨股的图表，我们可以看到铜业股在 1919 年被大量派发，因此它们未能反弹到 1916 年的价位。因此，我们可以针对长期下跌的铜业股进行卖空操作。

## 第十七章　市场的总体趋势

总是有一些板块的股票随着市场的总体趋势上上下下，而另外一些股票则与市场的总体趋势相反。道琼斯 20 种铁路股平均指数和 20 种工业股平均指数在过去的很多年都是市场主要摆动的最好指南。但是，由于纽约证券交易所的上市股票数量由 100 只增加到了 700 多只时，市场很自然地就会有大量的股票走出自己的独立行情，它们并不跟随市场的总体趋势。因此，深入研究个股，并且抛开市场的总体趋势来确定个股的趋势就非常有必要。

在 1922 年 10～11 月下跌期间就有这样一个例子。但是所有活跃领涨股，如鲍德温（Baldwin）、熔炉钢铁（Crucible Steel）、斯图特贝克（Studebaker）以及美国钢铁（U. S. Steel）纷纷快速下跌的时候，大陆制罐（Continental Can）却几乎每天都在上涨。查看图 4 大陆制罐，对比该股与鲍德温以及其他几只股票，我们就能看出不同的强弱形态。由于创出了新高，该股的趋势明显向上。这只股票根本就没有顾及市场的总体趋势。我在讨论那些最终的吸筹或是派发结束之前与之后，将会完成最后的运动的股票时已经解释了这类现象了。

在 1922 年 11 月的下跌中，我们卖空鲍德温、熔炉钢铁，以及其他领涨股，就能赚取大笔利润；与此同时，我们买进大陆制罐也能赚到大钱。

**图 4　大陆制罐（Continental Can）最高价与最低价月线图表**

1914～1923 年

很多交易者因为大陆制罐的股价较高，同时不断上涨却没有分红就愚蠢地卖出。这直接违背了我们卖出弱势股买进强势股的交易规则，这一规则是真正跟随个股趋势的方法。通过密切观察最高价和最低价的日线图表、最高价和最低价的周线图表以及最高价和最低价的月线图表，我们就能够判断出特定个股什么时间已经从强势变为弱势了。

# 第十八章　如何判定出最强势的股票

等待股票买进标志出现的过程中，我们要选择出特定板块中的最强势的那只股票，因为最强势的股票在牛市几乎就是领涨股；最弱势的股票在熊市则是领跌股。

## 斯图特贝克

假设在 1920 年和 1921 年，我们正在观察和等待买进一只汽车股。注意到斯图特贝克（STUDEBAKER）在 1917 年的最低价为 34 点；1918 年再次回到 34 点。1919 年的最高价为 152 点。1920 年 12 月，该股下跌到了 38 点，在 1917 年和 1918 年的最低价上方 4 个点止跌并获得了支撑，这表明该股处于强势形态。因此，1921 年春，汽车板块的其他股票没有出现任何构筑底部的确切信号时，斯图特贝克率先上涨了。

1921 年 4 月，该股上涨到了 93 点；接下来在 5 月、6 月、7 月和 8 月持续下跌。汽车板块的其他股票纷纷创出新低，而斯图特贝克在 1921 年 8 月大盘到达最低点时，股价仍然高达 65 点，从 1920 年 12 月的最低价上涨了 27 个点。与此同时，其他汽车股的股价均低于 1920 年和 1921 年初的最低价。这清楚地表明，斯图特贝克获得了牢固的支撑。否则，该股不会在其他汽车股都创新低的时候还能比它的最低点高 27 个点。

该股在 65～72 点这个窄幅区间平静地维持了几周时间，这清楚地表明获得了良好的支撑并正在进行吸筹。如果我们正在等待再次买进，这时就是时机。随后，斯图特贝克一路飙升，每个月都在抬高顶部和底部，如 62 页图 2 所示。

1922 年 5 月 16 日，该股回撤的最低价为 114¼ 点；1922 年 6 月 12 日，最低价为 116⅝ 点；1922 年 8 月 11 日，回撤的最低价为 123 点；1922 年 9 月 29 日，股价再次为 123⅞。这表明该股正在抬高底部。1922 年 11

月 27 日，该股下跌到了 114¼点，与 1922 年 5 月 11 日和 16 日的支撑位一样。随后，在 12 月从这个位置反弹到了 141¾点，这也是当年的最高价。

1922 年 11 月，该股宣布 25％的分红。由于在 1922 年 7 月已经支付了 10％的股息，再加上每股 1.50 美元的额外分红，我们很自然会假设这是该股的最好利好消息，而且股价已经贴现了这个利好。该股在 1922 年 12 月除息，下跌到 110⅜点，跌破了先前所有的支撑位，这表明趋势已经掉头向下。因此，我们应当在该股任何一次反弹时卖空。在一轮长期下跌行情开始之前，该股在派发区间维持了好几个月。但是，就在我写这本书的时候，该股已经足够清楚地表明即将开始走低。

## 铁路股

52 页图 1 显示了 20 种铁路股年度的最高点与最低点。我们将注意到在 1906 年创出了极限高点，经过 1907 年的大恐慌后，这些铁路股在 1909 年反弹到距离最高点仅仅只差几个点的位置，随后又继续下跌。在 1916 年和 1919 年，当工业股创出了历史最高点的时候，我们可以在图表上看到，铁路股仅仅有微弱的反弹。事实上，从 1916 年的反弹之后，铁路股每年都在降低顶部和底部，这个过程一直持续到 1921 年 6 月。

1921 年 6 月，铁路股平均指数到达最低点之后开始持续上涨，在 12 月到达了 77 点，从图表中也可以看到，这也是当年的最高点。1922 年 1 月，它们回撤到了 73 点；随后在 1922 年 3 月上涨到 78 点，这个位置高于 1921 年的水平，而且这是平均指数从 1916 年以来第一次形成更高的顶部。事实上，1916 年的那次反弹仅仅比 1915 年的最高点高出 4 个点。从 1909 年到 1921 年，铁路股的大趋势一直都是真正的向下。因此，当它们最终出现一个新高时，就是趋势已经改变并将会继续上涨的明确标志。1922 年 10 月，铁路股的平均指数上涨到了 93 点，并在这个位置遭遇到阻力位，也就是 1918 年和 1919 年的相同的最高点。

现在，假设我们在 1921 年知道铁路股迟早会见底，并且正在观察寻找出一只强势股买进。我们就参看图 5 的纽约中央的摆动图。

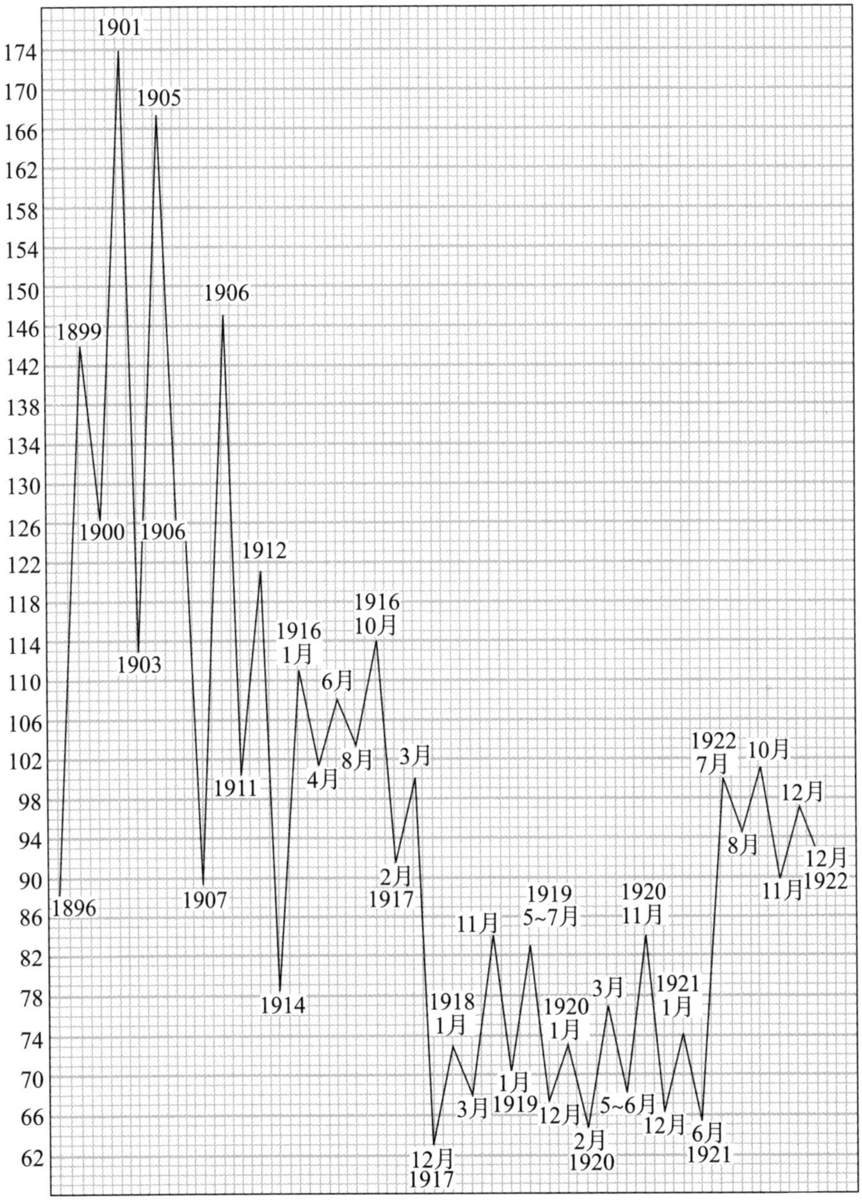


**图 5　纽约中央（New York Central）摆动图**

1896～1922 年

## 纽约中央

纽约中央（N. Y. CENTRAL）是一只老股，因此我们可以看到该股很多年以来的行情记录，进而弄清楚派发与吸筹的确定区间。1893 年，该股的最低价为 90 点；1896 年的最低价为 88 点；1907 年的最低价为 89 点；1908 年的最低价为 90⅛ 点。这表明该股在 88～90 点之间有牢固的支撑，在过去的 15 年中，即使在恐慌性的经济大萧条时，我们也可以在这个价位附近买进该股。

在 1914 年，该股跌破 88 点下跌到了 77 点。由于跌破了长年的支撑位，这就非常清楚地表明该股会继续走低。因此，我们应当卖空，一直到该股在新的低点获得支撑后再回补空单。

1917 年，铁路股下跌到了 1914 年和 1907 年恐慌时的点数下方。事实上，平均指数到达了接近 20 年来的最低点。政府被迫接手铁路，并处理战时的业务。

1917 年 12 月，纽约中央创出了 63 点的最低价。1920 年 2 月，最低价为 65 点；1921 年 6 月，股价再次为 65 点，这表明该股 4 年来在同样的位置获得了支撑。然而，在1920～1921 年期间，南太平洋铁路（Southern Pacific）、大北方铁路建筑（Great Northern Pfd）、北太平洋铁路（Northern Pacific）、诺克福和西部铁路（Norfolk & Western,）、密苏里太平洋铁路（Missouri Pacific）、沃把什铁路 A（Wabash Pfd. A），以及其他很多铁路股都创出了比这些年最低价更低的价位。尽管此时铁路股的平均指数比 1917 年恐慌时期低好几个点，而纽约中央仍然没有下跌。这是买进该股的另一个机会，并在老底 63 点的下方 3 个点设置止损单。

该股在 1917～1921 年期间的最高价为 84 点。经过在 65～75 点之间的吸筹后，该股在 1922 年 3 月穿越了 84 点，这是该股会继续上涨的信号。如果我们想要加码，可以在这个价位买进。1922 年 10 月，该股上涨到 101 点，派发从这里开始了。随后，该股出现了更低的底部，表明趋势已经掉头向下。

**圣保罗**（St. Paul）——这是另外一只从 1909 年到 1921 年逐年走低的

铁路股。就在我撰写本书的时候，无论是该股的普通股还是优先股都显示出吸筹已经进行了一段时间，现在已经表明了该股的趋势向上。

**石头岛**（Rock Island）——1917 年 12 月，该股形成了 16 点的最低价，随后逐年走高。注意到该股在 1922 年率先上涨并创出新高。这就是选择购买那些股票的方法。我们要选择那些在萧条期间拒绝走低并形成更高底部的股票，这些股票在趋势逆转的时候，自然就是上涨的领涨股。

**南部铁路股**（Southern Railway）——这是另外一只目前的强势股。从 1913 年以来，该股的底部一直都在抬高，表明该股仍然会继续上涨。

**太平洋联盟**（Union Pacific）——在 1907 年时的大恐慌中，该股的最低价位 100 点；1917 年的最低价为 102 点。这又是一只我们可以在先前老的支撑位买进的股票。1920 年 2 月，最低价为 110 点；1921 年 6 月，最低价为 111 点，这是一个更高价位的支撑位，我们可以在这里买进，止损单设置在 110 点下方。

我们可以看到，在 1907 年到 1921 年期间，太平洋联盟每一次大幅下跌都在更高的位置获得了支撑。与此同时，许多其他铁路股这些年来一直都在创出新低，表明了这些股票处于弱势，并且没有什么支撑。1922 年 9 月，太平洋联盟反弹到了 154 点，派发从这个位置开始了。

## 买进点和卖出点

我们要遵循同样的交易规则来判定任何一个股票板块中的最强势股和最弱势股。如果我们拥有一只股票很多年的行情纪录，就可以看到该股在极度恐慌年份的支撑位，也可以看到该股在股市繁荣时期的阻力位。我们很容易找出该股安全的买进点和卖出点，并将风险限制在 2～3 个点之间。

**美国制罐**（American Can）——1914 年 7 月，该股的最低价为 20 点；1915 年 10 月，上涨到 68 点；1916 年又下跌到了 51 点，随后上涨到 68 点，这是一个相同的顶部。该股在这位置停留了几个月的时间，这给了一个卖出股票并进行卖空操作的机会。该股在 1917 年股市恐慌性崩跌的时候下跌到了 30 点，又在 1919 年 9 月上涨到了 68 点。该股在这个位置停留了接近 2 个月的时间，并没有上涨到新的区间。这是另一个卖出股票并进行卖空操作的机会，卖空的止损单设置在 68 点上方 3 个点的位置。

1920 年 12 月，该股下跌到了 22 点，在 1914 年的最低价上方 2 个点获得了支撑。该股反弹到了 32 点，并于 1921 年 6 月，再次下跌到了 24 点，在更高的价位获得了支撑。接下来的 4 个月股价都在 24～29 点之间波动，清楚地表明该股正在进行吸筹。我们在这个价位附近再次买进该股。

1922 年的秋天，该股穿越了先前的阻力位 68 点，这预示该股会上涨到更高的价位，我们可以买进更多的美国制罐股票。

**美国机车**（American Loco）——1920 年 12 月，该股的最低价为 74 点；1921 年 5 月反弹到了 91 点；1921 年 6 月下跌到了 74 点，在相同的价位受到了支撑。这是一个买进的机会，止损单设置在先前的最低价下方。1922 年 4 月，该股上涨到了 117 点，这也是 1919 年 10 月形成的最高价。在这个位置，我们应当卖出该股并转为卖空操作，止损单设置在 120 点，也就是这个顶部上方的 3 个点。随后该股下跌到 109 点，股价在很窄的区间内维持了几周，没有跌破在 1922 年 3 月和 4 月形成的大约 108 点的支撑位。

1922 年 8 月，该股上涨到 118 点，穿越了老的阻力位，预示着该股将会继续上涨。1922 年 10 月，该股上涨到 136 点，这里遭遇到沉重的卖压导致趋势逆转。1922 年 11 月，该股下跌到 116 点，这是 1919 年 10 月、1922 年 4 月和 5 月该股的阻力位。当一只股票第一次回撤到先前的阻力位时，几乎总是会获得支撑。如果股价长期停留在老的阻力位上方，我们就认为该股票的主要趋势仍然是向上的。

## 第十九章　如何判定一只股票何时处于弱势形态

我们总是希望知道哪些股票处于最弱势的形态，因为在熊市中卖空这些股票是最安全的。那些率先显示出弱势的股票自然就是熊市的领跌股。当（大盘）趋势掉头向下时，这些股票已经下跌了一段时间，当跌破重要支撑位的情况出现时，接下来的事情就是大幅下跌。

## 工业酒精

1915年1月，工业酒精（INDUSTRIAL ALCOHOL）从每股15点的最低价开始上涨；1916年4月，股价上涨到170点；1917年，该股再次上涨到了171点；1919年5月上涨到了167点。1919年8月，股价下跌到120点，最后一次反弹在1919年10月回升到了164点。从图6中可以看到该股在4年多的时间内，卖出区域都是167～171点。

现在我们再关注该股的支撑位。1916年12月，该股的最低价为95点；1917年11月的最低价为99点；1918年12月的最低价为96点；1919年12月的最低价为98点。该股显示出派发并处于弱势形态，因为工业股平均指数在1919年创出了历史最高点，而这只股票的最高价却没有能超过它在1916年和1917年的最高价。因此，该股正在进入长期下跌的形态。

当跌破95～99点的支撑位，该股下跌到了78点；随后反弹到102点；接下来一路下跌到1921年的11月。当其他股票在1920年12月、以及1921年6月和8月都下跌到低位时，工业酒精已经下跌到了35点。因此，我们就能明白，如果我们卖空最弱势的股票，只要趋势持续走低，我们就跟随它们一路向下，卖空操作就能赚到大笔的钱。

请注意：我们有多少次机会在96～100点之间买进该股，并且又有多少次机会在165～170点附近卖出，每一次做多或是卖空都可以获得盈利。然后，当该股跌破96点附近的支撑位后，又继续下跌了50多个点。我在此重申，只要趋势向下，股价再低都可以卖空；只要趋势向上，股价再高都可以买进。

当工业酒精股下跌到35点后，该股价在5～6个点区间停留了大约2个月，接下来该股不断抬高顶部和底部。1922年10月，该股上涨到了72点。由于这只股票是1921年最后见底的股票之一，自然也就是最后一批完成向上摆动的股票。

如果我们在1921年6月或是8月其他股票纷纷筑底的时候卖空该股，在该股逐月走低并清楚表明趋势向下的情况下，我们没有任何理由进行平仓操作。我们至少应当等到该股出现高于前1个月的最高价之后再平仓，也就是在42点，在股价高于1921年12月的最高价时进行平仓操作。

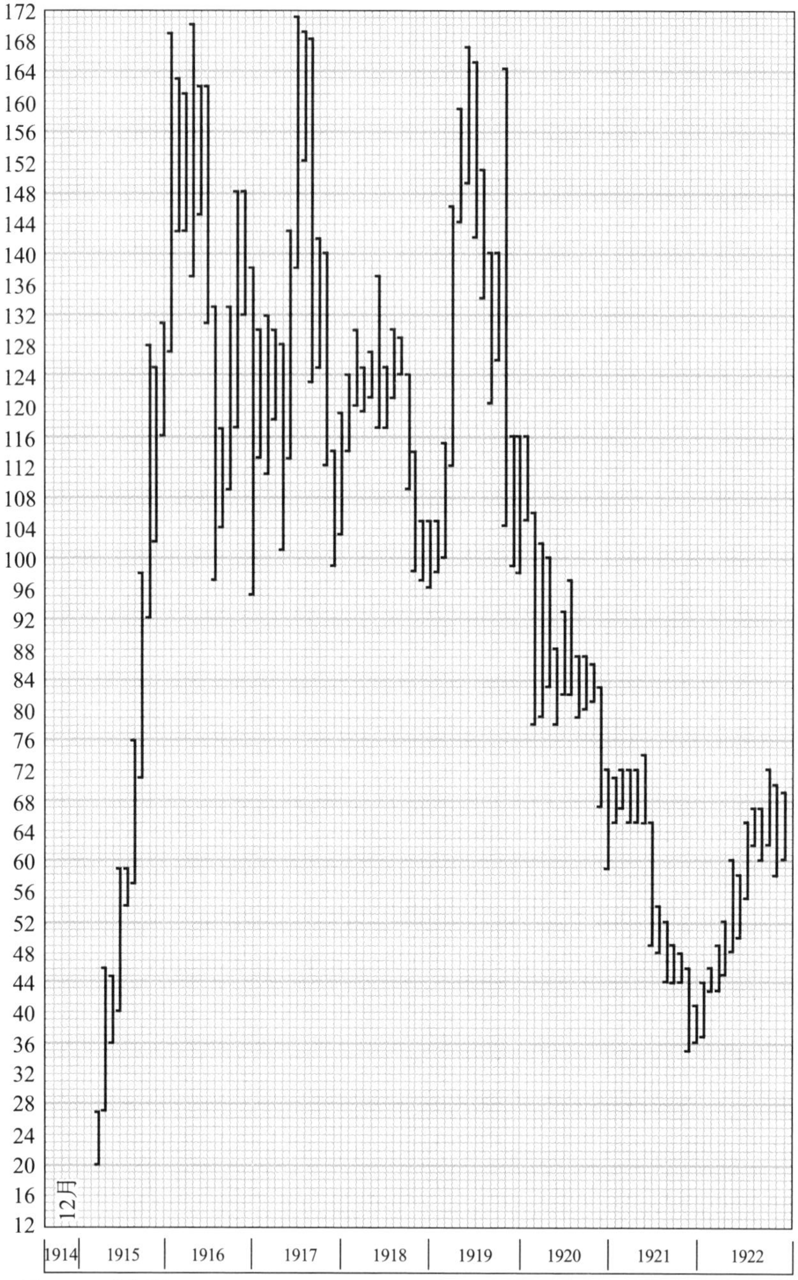


**图 6　工业酒精（U. S. INDUSTRIAL ALCOHOL）最高价与最低价月线图表**

1914～1922 年

## 大西洋湾与西印度群岛

这是另外一只在 1919 年牛市中上涨幅度惊人的股票。我们可以看到 88～92 点之间是大西洋湾与西印度群岛（ATLANTIC GULF AND WEST INDIES）在 1917 年和 1918 年的支撑位。我们可以多次在这个价位附近买进该股，获利 15～20 个点后卖出。该股的顶部为 117～120 点，也就是从 1917 年到 1919 年初的阻力位。在这个价位我们可以卖出股票并转为卖空操作。1919 年 2 月，该股下跌到 92 点，上一个最低价是 1917 年 12 月形成的 89 点。这里是我们买进该股的位置，止损单设置在老的支撑位下方。

1919 年 4 月，该股继续上涨并穿越了 120 点，这表明该股会继续上涨。1919 年 5 月，该股穿越了历史最高价 147 点；6 月，上涨到 188 点；8 月，调整到了 140 点；1919 年 10 月，该股上涨到了 192 点。

之后，该股开始形成更低的底部和顶部。1920 年 2 月，下跌到了 137 点；1920 年 4 月，反弹到 176 点，在这个位置再次派发了几个月，最后跌破 137 点的支撑位并持续下跌，下跌过程中的反弹也变得越来越小。

1920 年 11 月，该股跌破 88～92 点的支撑位。这样，该股除了 1916 年形成的最低价 27 点之外，再也没有其他的支撑位了。1920 年 12 月，该股下跌到了 62 点。当其他股票在 1921 年 6 月出现反弹时，该股却继续下跌。最后在 1921 年 1 月下跌到了 18 点。

该股在 19 点花了 2 个月的时间构筑底部后开始反弹。1921 年 12 月，上涨到了 36 点；1922 年 2 月，调整到 24 点，在这个更高的支撑位止跌并停留了几周。1922 年 5 月，上涨到 43 点；1923 年 1 月，下跌到了 19 点，在这个价位再次获得支撑。我们应当在此时买进，止损单设置在 19 点下方 2～3 个点。

我们可以由此明白，不管其他股票的表现如何，只要个股处于弱势，卖出该股并进行卖空操作是非常安全的。

# 第二十章　如何判定一只股票最终的顶部和底部

任何一只股票，或是一个股票板块，在开始一轮大幅上涨或是下跌行情之前，无论是进行吸筹还是派发，都需要很长的时间进行准备。建造一座高楼必须有充足的时间打好地基。楼层越高，就需要越多时间来建造地基。股票也是同样的道理，上涨或下跌的幅度越大，就需要越多时间为行情做准备。例如：

## 美国钢铁

美国钢铁股份公司成立于 1901 年 2 月。美国钢铁（U. S. STEEL）在当时是该行业中最大的公司，它要发行 500 万股的新股。这是一只掺水股①。作为水就必须有水平线，而 500 万股的掺水钢铁普通股也必须找到它们的合理价位，这个过程需要持续很多年。该股从 1901 年的 55 点下跌到了 1904 年的 8⅜ 点。随后该股回升到了 12 点，并在 1903 年 12 月至 1904 年 9 月期间，股价一直维持在 8⅜～12 点之间，绝大多数时间股价都在 9～10 个点之间波动。这是非常低的衰竭浪，窄小而缓慢地波动，并且伴随着很小的成交量。这里正在进行吸筹，整个过程需要持续大约 10 个月。这就给了我们充足的时间观察该股，直到看见该股获得了支撑。我们不必在该股为长期上涨做准备的期间着急买进。

我们不能忽略该股在 1909 年的顶部 94⅞ 点。很明显，你自己都能发现该股在 88～94 点之间时，总股本经过了多次换手，有几天该股的交易量就高达 50 万股。这当然是该股正在进行派发。现在，我们从图 7 中可以看到该股在 1916 年 11 月的最终顶部 129¾ 点。在这里还出现了大幅度的波动和巨大的成交量。1916 年 12 月，该股下跌至 101 点。随后在 1917 年 1

① 译注：当时美国的一些上市公司为了获取额外利润和筹措到更多资本，按照夸大的资本总额发行股票，就是价格虚高的股票。

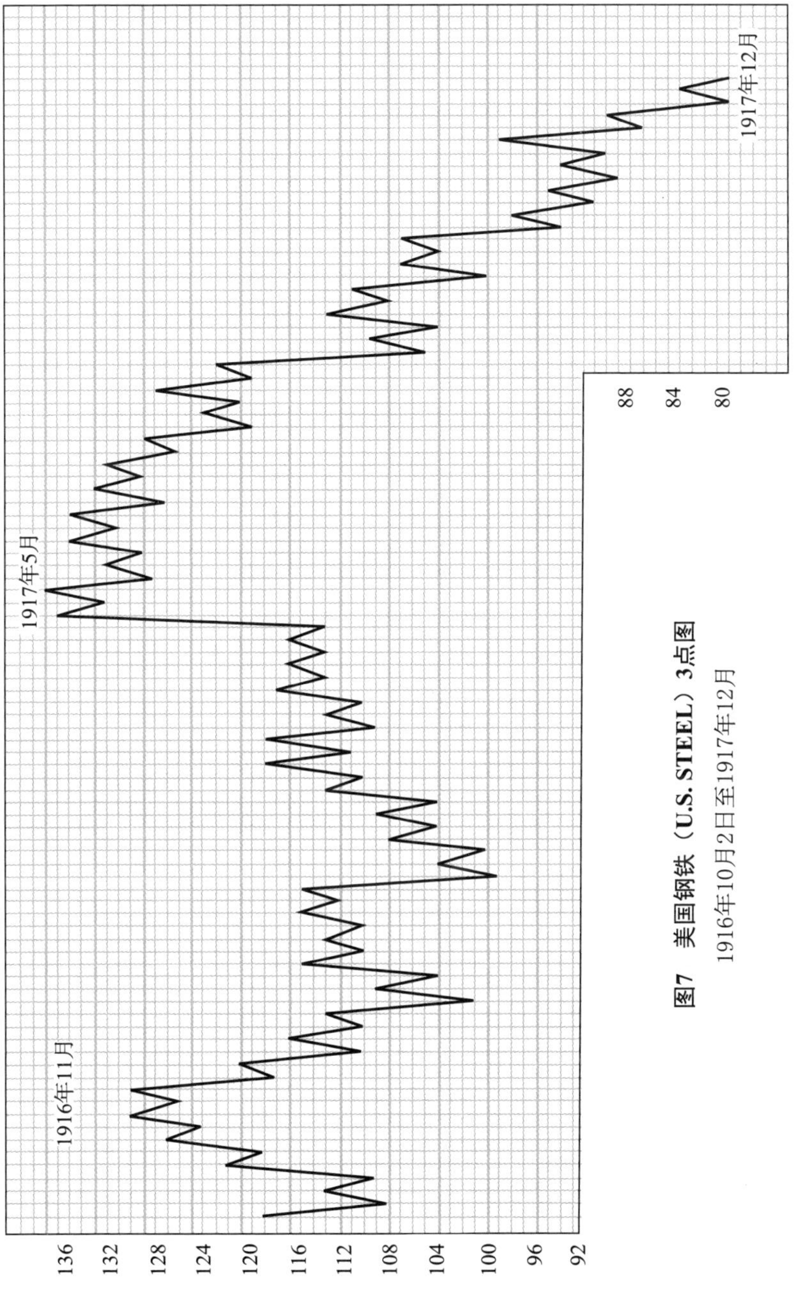


**图7　美国钢铁（U.S. STEEL）3点图**

1916年10月2日至1917年12月

月和 2 月初反弹到 115 点。1917 年 2 月 3 日，德国宣布潜艇战，该股下跌到了 99 点，低于 12 月份最低价仅 2 个点。随后该股开始上涨，1917 年 5 月，股价回升到了 136⅝点。

在这个顶部附近的成交量超过了 1500 万股，正好是总股本的 3 倍。请注意查看该股的 3 点图，图表显示出在派发阶段，该股非常活跃并且上下运动。该股的真正派发阶段是从 1916 年的 10 月到 1917 年的 5 月和 6 月。因此，想要卖出股票并进行卖空操作的人有足够的时间观察该股，并判定派发何时结束。该股正在为一轮长期下跌做准备，但是由于该股已经从 1914 年的极限低价上涨到了 98 点，因此需要时间来进行派发。但是，我们也可以看到，该股在派发完成之后，如何快速下跌到了 1917 年 12 月的 80 点。

普通投资者中普遍流行的观点是“钢铁股怎么走市场就怎么走”；也就是说，不论是上涨还是下跌，他们都认为美国钢铁就是领涨股。美国钢铁曾经一度是领涨股，但现在不是了。1916 年 10～11 月，大多数股票达到最高价，而在 1917 年 5 月的股价则低了很多。然而，美国钢铁在 1917 年 5 月的股价却比 1916 年 11 月的最高价高出 7 个点。那些购买了其他股票的人，希望他们的股票会跟着美国钢铁创出比 1916 年更高的价格，这些人被大大地愚弄了，并且赔掉了他们的钱。这是又一个有力的证据，证明了我提出的交易规则：“不要因为某只股票处于强势，就买进另外板块中的股票”。

## 通用汽车与斯图特贝克

我们要选择那些明确的强势股或是弱势股进行交易，不要选择跟涨股或是跟跌股。每只股票的评估都要依据该个股的具体情况——即通过时间、空间和交易量来判断。不要因为斯图特贝克（STUDEBAKER）已经在上涨就认为通用汽车（GENERAL MOTORS）也会大幅上涨。不但要查看通用汽车的图表，观察该股的强弱形态，同时还应当考虑到该股的总股数为 1500 万股。而斯图特贝克的总股数仅为 75 万股。不要忘记，股市上涨需要足够的买方力量；而下跌也需要足够的卖方力量。因此，相对只有 75 万股总股数的股票，想要使一只总股本数为几百万股的股票上涨，所需要的买方力量要大很多。

你是否停下来考虑过这样一个问题：像通用汽车这样的一只股票，它的股价每上涨或下跌 1 个点，就意味着总股本就会增加或减少 5000 万美元。这就是为什么该股在每个价位上都有那样多的买单和卖单，同时也是该股波动如此缓慢的原因所在。当通用汽车在 1920 年以 1∶10 的比例增发股票，1920 年 3 月，该股的股价为 42 点，相当于老股每股价值 420 点。一轮缓慢的下跌开始了。1920 年 12 月，该股下跌到 13 点，9 个月内下跌了接近 30 个点。该股之所以能够有这么大的跌幅，完全是因为没有任何集合基金愿意并且有足够的财力去支撑这只总股数为 5000 万的股票。该股继续下跌，一直下跌到 1922 年 1 月的最低价 8 点；随后在 1922 年 6 月上涨到了 15 点。

与斯图特贝克和其他几只股票的涨幅相比，也许该股 7 个点的涨幅不算大，但是上涨的百分比一点儿也不逊色。斯图特贝克从 1921 年的 65 点最低价上涨到 1922 年的 141 点最高价，上涨了 100％多一点儿；而通用汽车从 8 点上涨到 15 点，也上涨了接近 100％。所以，许多人在买进低价股时受到愚弄，因为他们希望低价股上涨的点数可以同高价股一样，并且认为下跌的点数也会同高价股一样。实际上，如果我们计算低价股和高价股的上涨百分比，低价股上涨或是下跌的幅度与高价股差不多，甚至会超过高价股。

## 美国炼油

我们从图 8 中可以看出美国炼油（AMERICAN SMELTING AND REFINING）从 1901 年 9 月到 1904 年 5 月期间的长期吸筹过程，吸筹的区间为 37～52 点。这个时候，只要该股一旦突破了吸筹的区间，就是该股将长期上涨的确切标志，并且将是一轮大行情。该股一路上涨到 174 点，期间没有出现任何大的调整。1906 年 1 月，该股达到最高价；随后就进入了持续 1 年时间的派发期，股价波动区间为 138～174 点。1907 年 1 月，该股最终跌破派发区间的最低价 138 点，并迅速下跌；1908 年 2 月，股价下跌到了 56 点。因此，我们就能明白，如果一只股票在顶部或是底部长时间进行窄幅或是宽幅的活跃运动后，一轮大行情就将接踵而至。我们可以抓住这样的机会快速盈利。那些企图对抗趋势，或是当股票不利于他们时仍然满怀希望继续持有的人，确实很愚蠢啊！

**图 8　美国炼油（AMERICAN SMELTING AND REFINING）**
**最高价与最低价月线图表**
1901～1908 年

假如当这只股票开始上涨，股价接近了先前老的最高价50点，你就在50点附近卖空该股。当该股穿越52点时，就清楚地表明了趋势向上，因为股价已经进入新的区间了。假如你决定等待该股调整时回补空单，但是这个调整并没有出现。该股接着上涨到62点、72点、82点、92点，并最终上涨到了174点。因此，保证金能带给你什么好处呢？不过是把你的钱白白扔掉而已，因为你在对抗趋势。我们继续假设你在100点时再次卖空，试图摊平你的空单平均价格，就像很多人的愚蠢行为一样。如果这样的话，你就会赔得一无所有。

同样的事情也发生在1907年初在138点附近买进该股的人身上，因为该股下跌到了56点。这样的人会有什么机会？是继续买进以摊平损失，还是买断该股，抑或是认赔出局？这样的人永远都不会主动离场。看看股市多年的记录并且仔细研究这些人，我们会发现对抗趋势或是摊平损失毫无价值。正确的交易方法是跟随趋势。要在盈利后加码，而不是在市场不利于你的时候加码。我在此重申：**快速砍掉亏损，让盈利奔跑。**

## 逐步抬升的顶部与底部

保持任何一个股票板块的平均指数的图表总是很有价值的。因为我们可以通过图表判断出它们何时到达支撑位，或是何时进入派发区间。当然，我们不能交易平均指数①。因此，我们要从每个板块中选择一些个股，并绘制它们的图表，以便从中选择最好的交易品种以及正确的买进或卖出时间。

在活跃的股票上面，5～10个点的变化就可以帮助我们看清该股何时正在构筑顶部或是底部。对于股价在25～60点之间的股票，3点图最适合；但是股价在100～300点之间时，5～10个点的运动会更好，因为大量股票的买进与卖出需要更宽一些的股价区间。

有时，股票需要几年的时间才能为一轮大型的牛市或是熊市行情做好准备。假设我们在1913年想持有石油股，并且观察了一段时间想寻找一只

① 译注：当时市场并没有股指期货或是板块指数期货。

在石油繁荣期间的领涨股。那么就选择加利福尼亚石油吧。

**加利福尼亚石油**（California Pete）——该股在 1913 年的最低价为 16 点；1915 年的最低价为 8 点；1916 年的最低价为 16 点；1917 年的最低价为 11 点。该股在这个价位附近窄幅波动了大约 4 个月，表明股价在 1915 年最低价的上方获得了支撑。该股是从 1912 年的最高价每股 72 点开始下跌的，在 1913～1917 年期间进入了 16～18 点之间的吸筹区间。

1919 年，该股上涨到了 56 点；1920 年 11 月，股价下跌到 15 点；1922 年 7 月，上涨到 71 点。这就是我们所说的“逐步抬升”底部。也就是说，间隔几年的支撑位变得更高。1915 年的支撑位为 8 点；1917 年的支撑位为 11 点；1920 年的支撑位为 15 点；1921 年的最低价为 30 点。只要一只股票不断抬高底部和顶部，趋势就是向上的；我们随着其上涨就是安全的。这条交易规则也适用于日、周、月和年的行情运动。

**墨西哥石油**（Mexican Pete）——这是另外一个关于逐步抬升底部或是更高支撑位的例子。该股在 1913 年的最低价为 42 点；1914 年的最低价为 51 点；1917 年的最低价为 67 点；1918 年的最低价为 79 点。1918 年 10 月，该股第一次大幅度上涨并创出新高并在 1919 年 10 月上涨到了 264 点；随后该股在 1921 年 8 月下跌到了 84½点，这个价位仍然高于前 1 个在 1918 年形成的底部。所以，我们可以看到墨西哥石油这些年不断抬高它的支撑位，这表明了该股正在为在派发之前上涨到极限最高价做准备。

我们以同样的方式查看任何一只有兴趣或者想要交易的股票，注意该股多年以来的走势形态。派发和吸筹的规模越大，在顶部和底部维持的时间就越长，该股上涨或下跌的幅度也就会越大。列举一个例子——参看图 9 的玉米制品。

**玉米制品**（Corn Products）——玉米制品在 1906 年首次上市的时候，股价为 28 点。1907 年，该股下跌到了 8 点；1909 年 6 月上涨到了 26 点；1912 年下跌到了 10 点；1913 年上涨到了 22 点；同年又跌回到 8 点；1914 年反弹到了 13 点；同年 7 月下跌到了 7 点。随后该股进行窄幅波动，一直到 1915 年春天才上涨到 10 点上方。

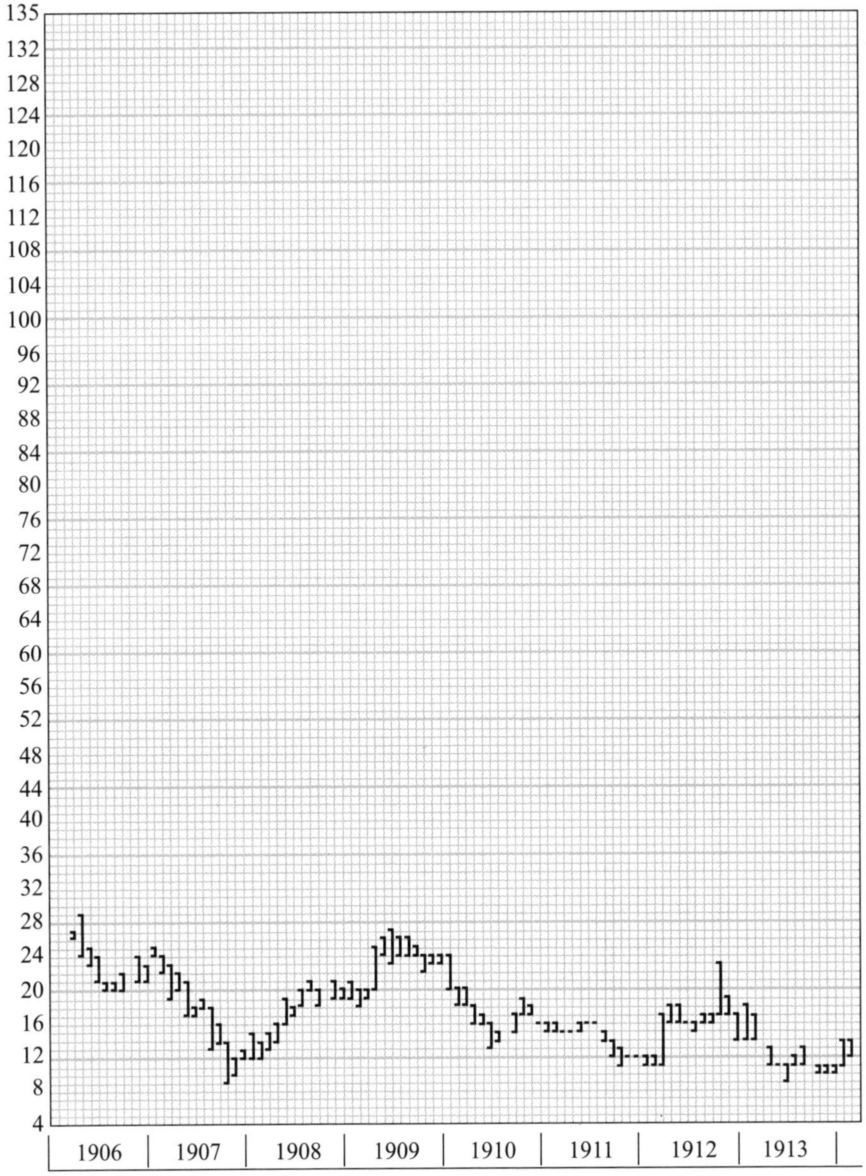


**图 9　玉米制品（Corn Products）最高价与最低价月线图表**

1906～1922 年

图 9　玉米制品（Corn Products）最高价与最低价月线图表（续）

该股的第一个支撑位是1907年的8点，1913年再次在8点获得支撑。在极度战争恐慌的1914年，该股的股价为7点，随后进入一个长期的吸筹阶段。1906年的28点就是该股的历史最高价，这个价位一直到1917年才被穿越。该股在上市后的10年内，绝大多数的时间股价都在20～8点之间的区间。该股经历了漫长的吸筹阶段并创出了历史新高，表明该股已经为一轮大幅上涨行情准备就绪。

1919年，该股上涨到了99点；随后下跌到了77点，接着又上涨到了105点。1920年12月，下跌到了61点；1921年3月反弹到了76点；1921年6月下跌到了59点，在先前的支撑位下方2个点获得了支撑。随后，该股到1922年10月上涨到了134点。

由此可见，当该股穿越10年来的最高价后，变得比以往更加活跃，并且股价再也没有调整到24点以下，一直稳步上涨到1920年的105点。该股随后的调整非常小，并不断抬升底部，清楚地表明向上的趋势。

如果我们想要卖出股票并转为卖空操作，那么判断股票在什么价位到达了顶部或派发的区间是至关重要的；如果我们想要买进，判断吸筹与底部在什么价位也是同样重要的。参看67页图3美国橡胶的图表。

**美国橡胶**（U. S. Rubber）——我们可以看到该股在1919年6月到达138点；7月再次形成了同样的最高价；8月的最高价为137点；10月时又形成了138点的最高价；11月的最高价为139点；1919年12月又形成了138点的高价。在这段时间，该股的底部在111～117点之间。1920年1月，该股最后的向上冲刺中创出了143点的新高。接着就是快速崩跌，表明该股的派发已经结束，正在准备开始一轮长期的下跌。

该股开始逐月形成更低的顶部和底部。当股价跌破111点时，表明该股失去了所有的支撑，派发已经结束。1921年8月，该股下跌到了41点；而该股在1914～1917年期间的支撑位在44～45点之间。

你也许会问，为什么有些股票在很多年内当股价到达特定价位的时候，就会获得支撑或是遭遇阻力呢？原因是这些股票的操纵者是同一批人。这些人通常是内部人士，因此他们知道这些股票的实际价值。也正是基于这个原因，这些人在某一价位买进这些股票并持有，当股价上涨到他们认为已经足够高的价位时，他们就卖出这些股票并转为卖空操作，或是等待这些股票再次下跌到相同价位附近时，他们在这个位置买进并启动新一轮的行情。你应当仔细研究自己交易的股票，并判定出该股过去的支撑位和阻力位。

### 变化的信号

当我们看到乌云集聚时，我们就明白这是要下雨的信号，就会马上寻找避雨的地方。过去的经验已经教会我们：特定的一些云层总是暴风雨即将来临的标志。当我们在股市看见在过去总是意味着派发的相同信号时，我们就应当警觉起来并赶紧脱离出去，以保护自己不受下跌的伤害。同样的道理，当我们看到总是表明吸筹的同类底部时，就应当马上回补空头并多头买进。

我们通过树上结的果实来判断一棵树的状态；在股市我们也要根据每只股票自身而不是通过其他股票的信号和标志来进行判断。当获取到一个适时买进或卖出的迹象时，我们就要在市场下达指令，并且不要限制买进或卖出的价格。限价交易经常会导致损失，我们会因为⅛个点或¼个点而错失市场机会，并因此失去大笔的盈利。当到了买进或卖出的时间，永远不要纠结细微的差价，不要因为省下⅛个点而损失掉几个点的利润。

## 第二十一章　一只股票在同一价位区间波动的次数

当非常活跃的股票和那些处于高价的股票上涨到内部人士想要抛售的价位时，就会在很宽的价位区间快速地上下运动好几个月。交易者会把这种情形当成不同寻常的机会而买进或卖出。这些股票会在高价区间停留相当长的时间，直到投资者习惯了这个价格并感觉买进是安全的。

假设一只股票直线上涨了20～30个点，中间没有出现什么调整就上涨到了顶部。这只股票不可能会在1天、1周或1个月之内就派发出去。但是，当一只股票在同一价位区间上下运动了很多次时，这就是派发或是吸筹的确切信号，特别是出现 5 个点甚至更多的运动时，股价上涨既不能到达区间的上方，下跌也不能调整到区间的下方。有时候该股会在同一价位区间上下运动 10～20 次。

查看一下 1922 年的斯图特贝克（Studebaker），以及 1919 年工业酒精（Industrial Alcohol）、美国橡胶（U. S. Rubber）和美国毛纺（American Woolen），我们可以发现当派发进行时，这些股票的股价在很宽的价位区间内上下波动。1922 年 5～11 月，斯图特贝克在 114～139 点之间上下运动超过了 20 次。在这个区间，大幅的向上或是向下摆动仅仅只有 5 次或是 6 次；但是考虑 5 个点或是更多点运动的话，在这个相同的区间就超过了 20 次。这表明了派发正在进行，该股正在为一轮长期向下运动做准备。

## 何时离场观望

如果我们成功地抓住并跟随一轮持续很多个月的牛市行情，并且已经累积了一大笔的盈利，我们就必须自己警惕趋势变化与牛市行情结束的第一次确切标志。当我们得到这个结束的信号时，这个信号正如我在前文中阐述的那样——巨大的成交量和急促而狂躁的股价波动，我们就要离场、观察和等待，也就是要卖掉我们的多头股票，等待卖空操作的机会。**不要带着盈利离场后又匆忙再次进入股市。**如果我们有足够的耐心等待机会，股市中总是会再次出现的。

我们离场观望的另外一个时间是在出现熊市结束的第一次信号后。吸筹需要一定时间，我们没有必要急着进入。如果在下跌的过程中获得了大笔的盈利，我们就更有资本等待几周或是几个月的时间，直到新一轮牛市开始的明确信号出现。

## 内幕消息

股票处于高位比低位更容易出现宽幅波动，原因就是派发正在进行。当股票最终下滑到非常低的价位时，波动就会慢下来，并且经常在一个很小的区间波动一段时间。此时，吸筹就开始了。吸筹与派发是完全相反的过程。如果内部人士想要卖出股票，他们会尽最大可能大造声势，竭尽所能吸引公众注意力，以此来制造出庞大的公众的买盘力量。当股票下跌到低位，他们想要收集大量筹码的时候，就会尽量悄无声息地行动。他们全力掩盖自己买进该股的事实，使用一切手段以阻止外面的人士买进股票。

股票操纵者使用的这种策略本身没有什么错，这仅仅是一种商业手段。如果你处在他们的位置，你也会采用同样的策略。他们必须从某些人手中买进股票，并且希望以尽可能便宜的价格买到。即使一位内部人士很诚实，但他是在为自己的利益而工作，所以我们不能期望他告诉我们他正在买进。同样，当股票接近顶部，而且他正在卖出时，他也不会告诉我们，他认为股价够高了，他正在卖出。如果他这样做了就是一个傻瓜，因为如果想要兑现他的盈利，他就必须把股票兜售给普通投资者。

有很多的人相信在股市赚钱的唯一方法是得到“内幕消息”。我可以以自己 20 年的经历告诉你，得到内幕消息是不可能的。越早从这种内幕消息会帮助你的谬误中走出来，就对你越有利。假如你正在和一个人玩扑克，你会期望他给你看他手中牌而不想看你的牌吗？他必然不会，你也知道他不会。如果他这样做了，你就会赢走他所有的钱。因此，你又为什么要指望内部人士，不管他是一个银行家、集合基金的经理、操纵者、投资者，或是其他的什么人，告诉你他们正在做什么，特别是当他们正在为卖出累积的股票或是累积筹码营造必要的市场氛围时。

如果能正确地解读盘势，我们就可以发现他们正在做什么。因为盘势能够反映所有人的买进与卖出的情况。如果我们知道如何正确解读盘势的话，盘势就永远不会撒谎。因为不管是内部人士还是外面的人，都无法隐瞒和掩饰买进或是卖出的数量。每一股的买进或卖出都在行情报价单上被记录下来。如果我们知道如何正确地分析交易量和股价运动的空间，就能判定何时应当买进，何时应当卖出。

最重要的就是**时间**因素，我经常在进行股市年度预测时使用。我这样阐述的目的不是为了泄露这个秘密；我的目标是为了给读者一些足够清晰的交易规则。如果能遵循这些交易规则，你就能在股市中获得成功。你买这本书付出的钱对我没有任何意义。如果你能遵循我给你的任何一个理念，在接下来的5年或10年内，这个理念对于你也许价值成千上万的美元。如果我能教会你在进入股市的前3年或5年内怎样避免损失你的金钱，并能坚持下来获得经验，那么你从本书中学到的知识的价值就是不可估量的，因为经过几年的学习和实践，你就能快速致富了。

## 第二十二章　穿越先前的价位

当股票穿越先前几个月或是几年内确定的吸筹或派发的价格水平后，这是该股将进入一个新的更高或是更低的价位水平的确切信号，并且会继续上涨或下跌，直到遇到新的阻力位。通常，在先前的老顶或老底买进或是卖出股票，并且在高于老顶或低于老底3个点的位置设置止损单，这样的操作总是很安全的。例如：参看图10共和钢铁。

**共和钢铁**（Republic Steel）——1916年该股的最高价为93点；1917年的最高价为94点；1918年的最高价位96点。每次达到这些价位时就是该股的卖出点。1919年，该股穿越了96点，一直上涨到了104点；随后调整到81点；接下来再次穿越了96点并上涨到了145点。当一只股票进入新的高价区间，第二次买进总是比第一次更加安全。因为如果该股第一次进入新的高价区间，很可能会出现较大的卖压驱使股价回落；然而在第二次，由于该股的抛压已经全部被吸纳，所以很容易上涨。我们从1914～1919年期间共和钢铁底部逐步抬升和更高的高点就可以看清楚这一点。

**沃把什铁路A**（Wabash Pfd. A）——1916年该股的最高价为60点，随后股价逐年走低，不断形成更低的底部和顶部，一直到1920年12月下跌到了17点。1921年，该股全年都在18～24点之间波动，这个期间吸筹正在进行。1921年8月，该股下跌到了20点，形成了另外一个更高的底部。1921年8月至1922年2月，每个月的最低价都是20点，表明这个价位是一个牢固的支撑位。我们可以买进该股，并设置18点的止损单。当该股穿越了1921年的24点最高价时，我们可以加码买进。1922年4月，该股上涨到了34点，这里是1920年10月形成的阻力位，派发也就在这里进

**图 10　共和钢铁（Republic Steel）最高价与最低价月线图表**

1913～1922 年

行了。1922 年 12 月，该股下跌到了 23 点并获得了支撑；随后股价在 2 个点区间内波动了几周；接下来开始再次上涨。

在研究不同股票板块时，我们应当观察每只个股的强弱形态，判断出哪只股票所处的形态会成为上涨的领涨股或是下跌的领跌股。

**熔炉钢铁**（Crucible Steel）——该股在 1915 年开始大幅上涨，并形成了 109⅞点的最高价。1916 年、1917 年和 1918 年，每年的顶部依次降低。1916 年的最低价为 51 点；1917 年的最低价为 46 点；1918 年的最低价为 52 点。当该股穿越了 1918 年的最高价，预示该股将会进一步上涨。1919 年，该股穿越了 1915 年形成 109⅞点的历史最高价。这是该股将创出极限最高价的确切标志。

该股下跌过程中，3 年都在 46～52 点之间止跌的事实表明了正在吸筹。熔炉钢铁在 1920 年上涨到了 278 点。当然，这是一个极限最高价，并不能反映该股的内在价值。因此，在股本扩大 1 倍后该股就出现了极端的下跌行情，1921 年 8 月，股价下跌到了 49 点。这个位置是该股先前老的底部区间。因此，可以在这里买进以等待下一轮上涨。

## 削减或增加分红

我前文中已经阐述过，不要因为股票不分红就卖出；也不要因为股票分红而买进。1921 年 12 月，熔炉钢铁上涨到 69 点，当时正在支付 4%的股息。1922 年 2 月 27 日，该股下跌至 53 点。3 月初，股息延期支付，而股价却在 58 点附近。随后股价下跌到了 53½点，并没有跌破股息延期支付前的最低价。这是股息延期支付被贴现的标志，而且如果股价维持先前的最低价之上，我们就可以忽略分红而买进该股。

1922 年 9 月，该股上涨到了 98 点，这里正好是该股前一次在 1921 年崩跌的位置。就在这个时间前后，熔炉钢铁正以每股 100 美元的价格向持股人配售新股。这导致持股人纷纷卖出老股，趋势因此反转。该股在 1922 年 11 月下跌到了 59 点。

当新股的配售价在老股的价位附近时，我们就要密切观察这只股票。如果老股的价格不能高于新股的价格，这样的情形表明这是一个很好的卖出点，我们应当卖出股票并转为卖空操作。

**联合零售**（United Retail）——另外一只受减少股息影响的股票是联合零售。该股在 1920 年 12 月的最低价为 46 点；1921 年 5 月反弹到了 62 点；1921 年 8 月下跌到了 47 点，在更高的价位再次获得了支撑。1922 年 1 月，该股上涨到 57 点。所有的证据都表明在过去的一年内该股都在吸筹。1922 年 2 月，股价在 53 点附近。随后由于减少股息的原因，该股下跌到了 44 点。

如果我们在 1920 年老的底部区间——46 点附近买进该股，并且在 46 点下方 3 个点，也就是 43 点设置了止损单，这个止损价将不会被触及。1922 年 3 月，该股的最低价为 44 点，最高价为 47 点，1 个月内只有 3 个点的波动区间，这表明获得了支撑。4 月份开盘价为 45 点，随后就开始了上涨。假设我们一直等到该股穿越了 3 月的最高价并在 48 点买进，在这之后的 30 多天，该股就上涨到了 71 点。在调整了 10 个点后，又继续上涨到 1922 年 10 月的 87 点，这里是 1920 年老的阻力位。该股在这里遭遇到沉重的卖压，在 1922 年 12 月下跌到了 66 点，这是另外一个支撑位。

这个例子说明了内部人士在减少股息很早之前就知道该股将会减少股息，所以他们在那个时候买进该股①。现在，我们不得不等待和观察，看看内部人士是否会在先前的低位附近为该股提供支撑。内部人士持有该股 2 个月左右，并且不允许股价跌破老底 3 个点。我们在这里买进并将风险控制在 3 个点以内是非常安全的。

在大多数情况下，股息减少时正是买进该股的时机，因为最坏的消息已经人人皆知并且已经被贴现了。通常来说，当增加股息并支付额外分红时，内部人士正在派发股票。他们散布利好的消息就是为了引诱公众买进该股。我可以举出成百上千这样的例子，然而一个就已经足以说明了。

**美国钢铁**（U. S. Steel）——1917 年 5 月，该股上涨并创出了历史最高价 136⅝点，并支付 5%的股息。增加的股息加上额外的分红，相当于该股支付 17%的股息。但是，该股的股价再也没有触及历史最高价，并且在 1921 年下跌到了 70¼点。因为内部人士明白，这样的收益已经是最好的了。他们就在那个时候发布利好消息以帮助派发手中的股票。

**账面价值**——账面价值是另外一件我要提醒投资者注意的事情，因为账面价值误导了很多投资者。统计学家计算出了美国钢铁在 1917 年每股 250 美元的账面价值。当然，可怜的股市菜鸟在顶部买进该股，并认为股

① 译注：利空消息出台打压股价，出现很好的买进点。

价会上涨到这个账面价值。就股价上涨而言，“账面价值”毫无意义，因为公司不可能被清算变现。因此，账面价值只会营造虚假的希望并使人们买进后持有一只股票，认为股价有朝一日会接近它的账面价值。事实上，100 只股票中也没有一只股票的股价在任何时候接近过账面价值。

1915 年 2 月，美国钢铁股息延期支付，股价在 40 点附近；随后下跌到 38 点，并且再也没有回到这个最低价。我们应当在这时买进真正的便宜货，而不是在股价超过 130 点并支付 17％股息时买进。

1915 年，美国钢铁的最高价为 89 点；1916 年 1 月的最低价为 80 点，1916 年 3 月和 4 月，最低价再次回到 80 点。随后该股在 9 个点的区间内波动了将近 9 个月。1916 年 8 月，上涨到了 90 点，这个价位高于前 1 年的最高价。该股窄幅波动如此长的时间，表明在为一轮大幅上涨而真正吸筹，因为该股的派发已经结束了。否则，该股会下跌到 80 点以下。此后，该股一路上涨到 129 点，期间没有出现 5 个点的调整。

1917 年 5 月，该股到达最高价 136⅝点之后下跌到了 80 点。这里是 1916 年的最低价，因而在这里获得了支撑。根据交易规则，我们应当在这里买进，并在最低价下方的 3 个点，也就是 77 点设置止损单。1918 年 8 月，该股上涨到了 116 点，并在 116 点附近停留了 2 个月，这表明该股正在进行派发，所以我们在此时应当卖出股票并转为卖空操作，止损单设置在 116 点上方 2～3 个点。1919 年 1 月和 2 月，该股下跌到了 89 点，并窄幅波动了 2 个月，期间没有跌破前 1 个月的最低价。这里又是一个买进机会，止损单设置在老底下方 2～3 个点。

1919 年 7 月，该股涨到了 115 点，仅仅比 1918 年的顶部低 1 个点。这时，我们卖出并再次卖空，止损单设置在先前老顶的上方。该股持续下跌趋势，在 1920 年跌破了 1919 年形成的 89 点的底部，同时也跌破在 1916 年和 1917 年形成的 80 点的支撑位。这表明该股已经没有任何支撑，所以股价还会继续走低。1921 年 6 月，该股下跌到了 70¼点。接下来的 7 月和 8 月期间，股价一直在 72～76 点之间窄幅波动，这表明吸筹正在进行。我们应当买进该股并将止损单设置在 70 点下方；或者当该股穿越了 2 个月来的最高价，表明趋势再次掉头向上时立即买进。

1922 年 10 月，该股上涨到了 111 点，这里是 1919～1920 年期间派发的价格区间。就在我撰写本书的时候，该股表明正在进行派发，并正在为1923年年底前的另一轮下跌做准备。

我们应当对每只股票单独进行研究，进而了解该如何跟随特定个股的运动。世界上没有相同的两片树叶；也不是所有股票都会同时形成顶部或底部，但是它们会清楚地表明是处于强势形态还是弱势形态。我们可以绘制不同股票板块的近几年最高价和最低价周线图表，并据此判断出一只股票的强弱形态。

## 股票会在何时创出新高或是新低

当一只股票上涨或是下跌进入新的区间，或是股价到达了几个月或是几年都未能到达的价位时，这种情形表明了一种压力或是驱动力正在沿着力的方向发挥作用。同样的原理也适用于任何受到制约后又释放的力量。大坝可以储存水。但我们知道，一旦水冲毁了大坝，水流就会倾泻而下，直到遇到另外一个水坝或是其他阻碍物才会停下来。因此，观察股票老的价位就非常重要。一只股票突破老的价位进入新的价格区间所消耗的时间越长，我们就能预计该股会有更大的运动，因为长时间的能量积蓄比短时间的能量积蓄，自然会更大规模的运动。

## 1921年的最高价

1921年是大萧条的最低谷。尽管在1921年5月出现了一轮强劲反弹，大多数的股票还是在1921年6～8月之间出现了最低价。我们现在查看一下股票列表，并从列表中找出穿越了1921年初最高价的那些股票。那些股票是1922年牛市中涨幅最大的领涨股。那些没能穿越1921年最高价的股票则一直处于低价（1923年1月）。下面是那些创出新高的股票例子：

阿利斯查尔默斯（Allis Chalmers）：1921年的最高价为39点；1922年上涨到了59点。

美国制罐（American Can）：1921年的最高价为32点；1922年上涨

到了 76 点。当该股穿越 68 点并进入新的历史价位区间时，预示股价还会继续走高。在我撰写本书的时候，该股在 1923 年已经上涨到了 84 点。

美国炼油（American Smelting）：1921 年的最高价为 44 点；1922 年上涨到 67 点。

美国毛纺（American Woolen）：1921 年的最高价为 82 点；1922 年上涨到 105 点。

艾奇逊（Atchison）：1920 年和 1921 年的最高价为 90 点，1922 年该股穿越了 90 点，并在 1922 年 9 月上涨到了 108 点。

鲍德温（Baldwin）：1921 年的最高价为 100 点；1922 年上涨到了 142 点。

加拿大太平洋（Canadian Pacific）：1920 年和 1921 年的最高价为 129 点；1922 年 2 月突破这个价位，9 月上涨到了 151 点。

智利铜业（Chile Copper）：1921 年的最高价 16 点；1922 年的最高价为 29 点。

可口可乐（Coca Cola）：1919 年的最高价位 45 点；1920 年的最高价位 40 点；1921 年的最高价为 43 点；1922 年初穿越了所有的最高价，并上涨到了 82 点。

大陆制罐（Continental Can）：1919 年的最高价 103 点；1920 年的最高价为 98 点；1922 年 2 月穿越了所有的最高价，并上涨到了 124 点。

大北方铁路建筑（Great Northern Pfd）：1921 年的最高价位 79 点；1922 年穿越了这个价位并上涨到了 95 点。

路易斯维尔和纳什维尔铁路（L. & N）：1921 年的最高价为 118 点；1922 年穿越了这个价位并上涨到了 144 点。

纽约中央（New York Central）：1921 年的最高价为 76 点；1922 年穿越了这个价位并上涨到了 101 点。

Pan 石油（Pan Pete）：1921 年的最高价为 79 点；1922 年上涨到了 100 点。

辛克莱石油（Sinclair Oil）：1921 年的最高价为 28 点；1922 年上涨到了 38 点。

斯图特贝克（Studebaker）：1921 年的最高位 93 点；1922 年 1 月穿越

了这个价位并上涨到了141点。

美国I.P.铸造（U.S. Cast I.P.）：1921年的最高价为19点；1922年上涨到了39点。

美国钢铁（U.S. Steel）：1922年的最高价位88点；1922年上涨到了111点。

我们由此可以看出，所有穿越了1921年5月最高价的股票，在1922年初都大幅上涨。原因就在于这些股票处于强势形态，买盘的力量强大到足以使它们穿越前1年的最高价，并表明股价会继续走高。

## 没有穿越1921年最高价的股票

在1922年，注意到那些在1922年初没有表现出强势形态的股票，都未能上涨到穿越或是接近1921年的最高价。这些股票证明是滞涨股，它们的股价也处于相对的低位（就在我撰写本书的时候）。这再次验证了我们的交易规则：**买进强势股；卖出弱势股。**我们不要让股价左右我们的判断，高价股经常还会继续上涨；而低价股还会继续下跌。

以下是在1922年未能穿越1921年初最高价的股票。我们留意一下它们目前的价位水平（1923年1月）：

美国农业化工（American Agricultural Chemical）：1921年的最高价为50点；1922年末的股价为32点。

美国国际（American International）：1921年的最高价为53点；1922年末的股价大约为26点。

美国亚麻籽（American Linseed）：1921年的最高价60点；1922年末的股价为32点。

美国苏门答腊烟草（American Sumatra Tobacco）：1921年的最高价88点。尽管这只股票运动滞后，而且在其他股票见底之后还没有构筑底部，但其1922年末的股价仍在28点附近，接近它的最低价。

大西洋湾（Atlantic Gulf）：1921年5月的最高价为44点；1922年末的股价为22点。

钱德勒汽车（Chandler Motors）：1921年最高价为85点；1922年的

最高价为 79 点；1922 年末的股价为 65 点。

国际纸业（International Paper）：1921 年的最高价为 73 点；1922 年末的股价为 52 点。

皮尔斯银箭普通股和优先股（Pierce Arrow Common and Preferred）：1921 年的高点分别为 41 点和 49 点；1922 年末都处于低位。

联合药品（United Drug）：1921 年的最高价为 105 点；1922 年的反弹没有超过 84 点。

美国工业酒精（U. S. Industrial Alcohol）：1921 年的最高价为 74 点。该股运动滞后，一直到 1921 年 11 月才见底。但是，该股在 1922 年仅仅反弹到了 72 点，没有突破 1921 年的顶部。

维吉尼亚卡罗莱纳州化工（Virginia Carolina Chemical）：1921 年的最高价为 42 点；1922 年末的股价为 25 点。

沃斯顿泵业（Worthington Pump）：1921 年的最高价为 55 点；1922 年 11 月下跌创出了新低——27 点。

我们可以看到皮尔斯银箭、钱德勒汽车和通用汽车都没有能到达 1921 年的最高价，并在 1922 年末股价都处于低位。然而在 1922 年初就创出新高的斯图特贝克，股价则在 1922 年 12 月处于较高的水平。通用沥青（General Asphalt）在 1921 年的最高价为 78 点，1922 年反弹到了 72 点，没有能到达 1921 年的最高价，表明该股在这个价位遭遇了沉重的卖压。由于过去该股长时间停留在这个高价位附近，随后就下跌到了比 1921 年更低的价位。这就是我们需要观察的事情。当股票上涨到接近先前的老底，却长时间未能穿越这个价位时，说明该股正在进行派发。一旦股价跌破派发的区间，就马上可以卖空这些股票。那些买进通用沥青的交易者，本来希望该股会随着太平洋石油、墨西哥石油和 Pan 石油上涨，这时却蒙受了巨大的损失。原因就在于其他股票表明了它们正处于强势形态，而通用沥青则显示出了其弱势形态。

橡胶股与糖业股都未能穿越 1921 年的最高价，因此它们的股价在 1922 年末都处于低位。橡胶股（1923 年 1 月）最近开始上涨，如果它们能穿越 1921 年和 1922 年的最高价，就表明橡胶股随后将会继续走高，并可能在其他股下跌的情况下持续上涨。这个时候，我们就应当买进而不是卖出橡胶股，同时期待橡胶股的走势能重复那些在1922年到达高位并完成派发的股票。

## 在股票的趋势变化后买进或卖出

一只股票在吸筹或是派发之后，无论是创出新高还是新低，都说明股票的吸纳或是分散都已经完成，新的行情即将开始。

参看图9的玉米制品。我们可以看到该股在108点附近窄幅波动了几周的时间。当股票在106～108点之间被吸纳的过程中，股价的波动区间非常狭窄，我们在这几周交易该股并不能赚到很多钱。但是，当股价穿越108点，表明该股的趋势再次掉头向上，我们这个时候买进就能在不到60天的时间内获得20个点的盈利。

同样的情形也会出现在相反的方向。从1922年9月开始，该股在124～134点之间停留了好几个月的时间。在这个期间交易我们只能获取很小的利润。当股价跌破124点后就清楚地表明该股的趋势已经掉头向下。如果我们在这个时候进行卖空操作，毫无疑问就会快速获得盈利。

**股票只有在吸筹区间和派发区间之间运行的时候才能获得大笔的盈利。**因此，我们等到一只股票的**趋势明确后入场**要比趋势开始之前入场赚到更多的钱。这就像赛马一样，经常会花15～20分钟的时间把马赶到起跑标，然而一旦“马儿开跑”，整个比赛不过2分多钟。准备是最耗时的，一旦赛马开始奔跑，很快就撞线了。只要能赚钱，我们以高出底部10个点、20个点，或30个点的价位买进股票又有什么关系呢？

卖空也是同样的道理。距离顶部下跌了多少价位并不重要。**当股价跌破派发区间，卖空操作就是非常安全的，并会快速获得盈利。抛开具体的价格吧；忘记底部和顶部吧。交易就是为了盈利，不是为了抓住底部和顶部的最后1/8个点。这样的行为甚至内部人士也不会做，而我们当然不能认为自己会比股市操纵者做得更好**[①]**。**

① 译注：江恩在这里劝诫交易者不要试图抓住顶部或是底部的极限价格。

# 第二十三章　铁路股平均指数的顶部和底部

在其他的章节中，我们已经讨论过领涨股和领先板块的问题了，并且不管是上涨还是下跌，我们要跟随领涨股和领涨板块。1896～1909 年，铁路板块一直是领涨板块，以至于银行贷款都歧视工业股，而把铁路股视为金边证券。

参看图 11 的道琼斯 20 种铁路股平均指数。1896 年 8 月，铁路股平均指数为 42 点。经过一轮长期的上涨，铁路股平均指数在 1899 年 4 月形成了第一个重要的顶部 87 点，虽然这个点数与 2 月和 3 月处于同一水平并相差仅仅 1～2 个点；一轮大型调整在 5 月出现了，铁路股平均指数下跌到了 78 点；随后 9 月反弹到了 86 点，与 4 月最高点相差不超过 1 个点，铁路股平均指数在这个点数遭遇顽强的阻力。1899 年 12 月，铁路股平均指数下跌到了 73 点；接着在 1900 年 4 月反弹到了 82 点，6 月再次下跌到 73 点，与 1899 年 12 月的最低点相同，从而形成了双底。

形成双底之后，一轮大幅上涨开始了。1901 年 5 月，铁路股平均指数才到达了 118 点的最高点。1901 年 5 月 9 日，北太平洋铁路垄断发生，导致了一次恐慌性下跌，铁路股平均指数下跌到了 103 点。这是该轮牛市的第一次突发性崩跌，表明当前的行情结束了，我们应当关注反弹的出现并卖出股票。反弹在 5 月下旬和 6 月出现了，铁路股平均指数几乎回升到了 5 月的最高点。随后下跌到了 105 点，正好在 5 月恐慌时形成的最低点上方，并在这里停留了 4 个月。这里再次进行了吸筹，所以股票都在窄幅波动。

然后，铁路股平均指数随着长期缓慢的上涨在 1902 年 9 月到达了 129 点，并形成了一个尖顶。随后出现一轮急促的下跌，在 1903 年 9 月下跌到了 89 点。注意到 1903 年 9 月至 1904 年 6 月进行了吸筹并恢复了牛市。1905 年 4 月，反弹到了 127 点，距离 1902 年 9 月的最高点相差不到 2 个点。6月出现的急促下跌迅速导致铁路股平均指数跌到了115点。随后，

**图 11　道琼斯 20 种铁路股平均指数最高点与最低点月线图表**

1896～1922 年

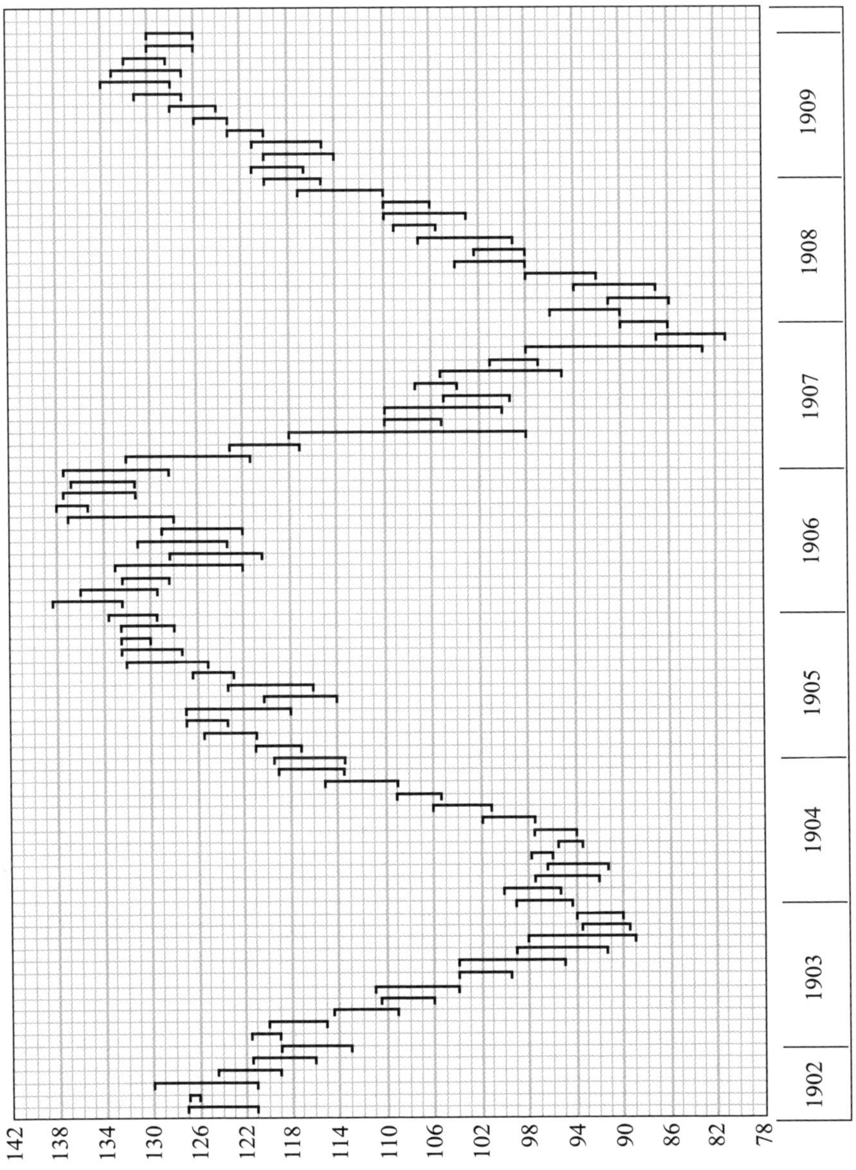


图11　道琼斯20种铁路股平均指数最高点与最低点月线图表（续）

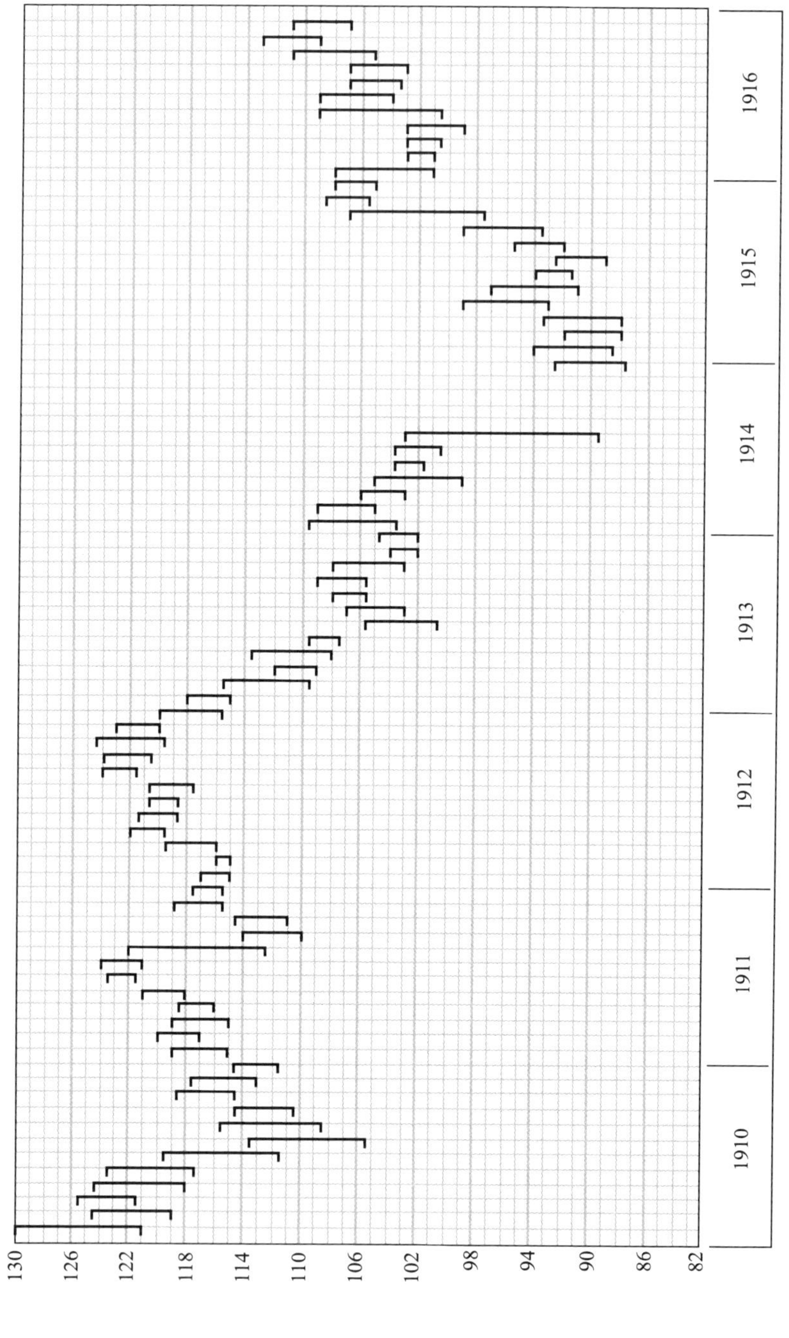


**图11　道琼斯20种铁路股平均指数最高点与最低点月线图表（续）**

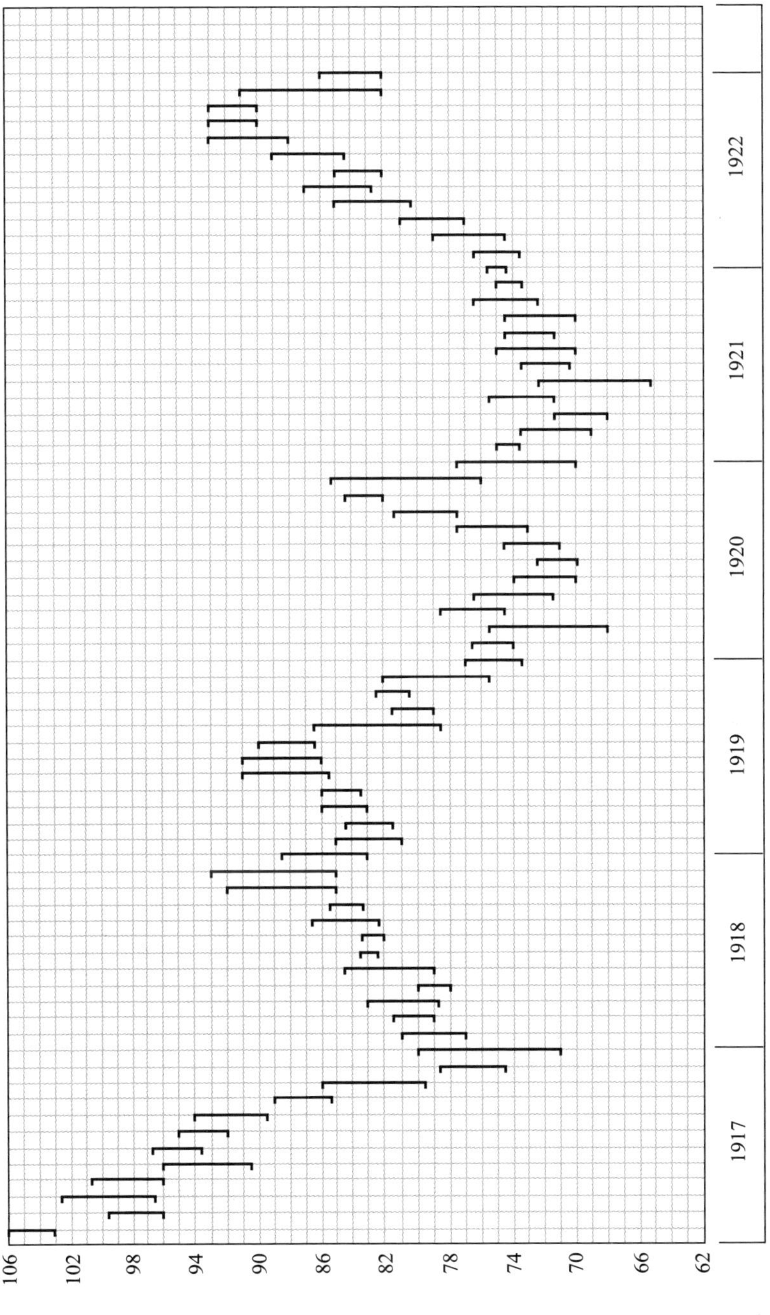


图11　道琼斯20种铁路股平均指数最高点与最低点月线图表（续）

铁路股平均指数一路上涨，1906 年 1 月上涨到了 138 点并创出了历史最高点。铁路股平均指数在 10 年内总计上涨了 96 个点。铁路股平均指数开始下跌，洛杉矶大地震后在 1906 年 5 月下跌到了 120 点。9 月，铁路股平均指数又形成了 1 月最高点相同的顶部。

铁路股平均指数在这个点数附近进行窄幅波动，一直到 1907 年 1 月跌破了派发区间。市场经历了如此长时间的上涨之后，并且派发也持续了 1 年多，一轮暴跌接踵而至也就是最自然的事情了。1907 年 3 月 14 日这一天，沉默的恐慌导致铁路股平均指数下跌到了 98 点。这是纽约证券交易所有史以来最急促的下跌之一。随后出现了一轮陡直的反弹；接下来又是新一轮下跌，铁路股平均指数下跌到了 3 月 14 日最低点附近。一些股票的股价比 3 月 14 日更低。在这之后，市场止跌反弹，并一直持续到了 8 月。但是整个反弹过程都很呆滞，这表明股票变现还没有结束。1907 年 9 月，股票变现再次开始，最终在 11 月出现了疯狂的恐慌性下跌，铁路股平均指数下跌到了 82 点。与年初相比，下跌了 56 个点。

一直到 1908 年 3 月吸筹才开始，而牛市也再次开始，在 1909 年 10 月的最高点为 134 点，比历史最高点低 4 个点。铁路股平均指数在这里遭遇了阻力，派发在窄小的区间进行并持续了大约 6 个月的时间。下跌从 1910 年开始，7 月出现了一次疯狂的陡直崩跌，铁路股平均指数下跌到了 106 点。这是一个尖底，之后铁路股平均指数快速弹升。铁路股平均指数继续上涨，一直到 1911 年 7 月上涨到了 124 点。随后在顶部窄幅波动，市场在接下来的几个月内都极度不活跃。8 月和 9 月，一轮陡直下跌把铁路股平均指数带到了 110 点。接下来的缓慢上涨持续到 1912 年 8 月，铁路股平均指数上涨到了 124 点，与 1911 年的最高点相同。1912 年 8～10 月，铁路股平均指数构筑了一个平顶。随后在 1913 年 6 月下跌到了 100 点。市场变得狭窄而不活跃，缓慢上涨到 110 点，略低于 1913 年 4 月的最高点。1914 年 5～6 月，出现了小幅反弹，市场也很狭窄。7 月初，大幅下跌开始了。战争爆发后，市场出现疯狂的大幅崩跌，这直接导致纽约证券交易所在 7 月 30 日关闭。

证券交易所在 1914 年 12 月 15 日重新开市，铁路股平均指数在 12 月下跌到了 87 点。随后在这个点数附近窄幅波动并持续到 1915 年 3 月。市场从这时开始上涨，铁路股平均指数在 1915 年 11 月上涨到了 108 点；1916 年 10 月，最终上涨到了 112 点。我们可以看出，1916 年是铁路股股票变现的一年，因为铁路股平均指数在 1916 年的最高点仅仅比 1915 年的最高点高出了 3 个点；而这个期间工业股正在大幅上涨。在战争条件下，所有事情都有利于工业股而不利于铁路股。

1917 年是铁路股大跌之年，也是铁路股大规模股票变现的一年。铁路股平均指数创出多年以来的最低点，在 12 月下跌到了 71 点。当政府不得不接管铁路时，所有的铁路股都出现了一轮陡直的反弹。1918 年 11 月，铁路股平均指数上涨到了 93 点。随后战争结束了，铁路股平均指数在 1919 年 1 月下跌到了 81 点。接下来，在华尔街出现了有史以来最大规模的工业股繁荣期，然而铁路股却没有任何大幅的上涨。7～8 月，铁路股平均指数仅仅上涨到了 92 点，比 1918 年的最高点还要低 1 个点；与此同时，工业股平均指数的最高点比 1918 年的最高点足足高出 20 个点。因此，工业股已经成为新的领涨股，而铁路股已经变为滞涨股了。1920 年 2 月，铁路股平均指数下跌到了新低 68 点。在这之后，铁路股与工业股的走势变得同步。铁路股平均指数在 1920 年 11 月反弹到了 85 点，随后是一轮长期的下跌，一直持续到 1921 年 6 月，下跌到了 66 点，这是铁路股平均指数从 1897 年以来的历史最低点。

从这个点数开始，铁路股平均指数在 1922 年 8 月上涨到了 93 点，与 1918 年的最高点相同。1922 年的 8 月、9 月和 10 月，铁路股一直窄幅波动并进行派发。11 月，跌破了派发区间，并在 11 月 27 日下跌到了 82 点。从这个时候开始，只要铁路股平均指数反弹到 87 点附近（1923 年 1 月），就会变得毫无生机与不活跃，每一次反弹都会遭遇卖压。现在所有迹象都表明，铁路股在这个位置发生着股票变现。但是，最合适的做法是等待和观察，注意铁路股是否在上涨超过 86 点时变得活跃；或是在跌破 11 月形成的 82 点后变得活跃。我的观点是，在铁路股平均指数再次穿越 1922 年的最高点之前，点数将会到达非常低的低位。

# 第二十四章　工业股的顶部和底部

参看图 12，展示 1896～1922 年 12 月期间，道琼斯 20 种工业股的顶部与底部。

我们可以看到，1896 年 8 月工业股平均指数最低点为 29 点；1899 年 4 月反弹到了 77 点，从这个点数派发开始了；5 月下跌到了 68 点；随后在 1899 年 9 月反弹到了 77 点，形成了双顶；10 月下跌到了 71 点；11 月反弹到了 76 点，仅仅低于 9 月形成的老顶 1 个点。这是一个真正的三重顶，由于不能穿越这个顶部，表明正在进行大规模的派发，预示一轮长期下跌即将来临。

工业股平均指数在 12 月下跌到了 58 点；随后反弹到了 68 点，这个点数是派发区间的底部。1903 年 11～12 月，工业股平均指数下跌到 42½点；随后在 1904 年 1 月反弹到了 50 点。接下来一直到 6 月份，工业股平均指数都在 4 个点区间内波动，表明工业股正在进行吸筹，所有的工业股都已经做好了上涨的准备。然而，此时铁路股仍然是领涨股。1904 年 7 月上涨开始并持续上攻，期间只是稍有间断，一直涨到 1906 年 1 月形成了 103 点的最终顶部。这是一个尖顶，随后开始下跌，1906 年 7 月下跌到了 86 点。8 月，工业股平均指数反弹到了 96 点，并在这个点数附近 4 个点的区间内停留了大约 6 个月，一直到 1907 年 1 月。这表明工业股在这个窄幅区间进行了大规模的派发；由于派发持续了如此长的时间，一轮大幅下跌即将来临。

无论是工业股还是铁路股，1907 年都是走熊的一年。我们可以从图表上看到，工业股平均指数在 11 月下跌到了 53 点，并形成一个尖底。随后是一轮长期的上涨，在 1909 年 8 月到达了顶部。工业股现在的表现更加突出，正在取代铁路股的领涨地位。工业股平均指数在 8 月到达了 100 点并构筑了一个平顶，在这个点位停留了 6 个月进行派发。1910 年 1 月下跌开始，工业股平均指数在 1910 年 7 月下跌到 74 点。

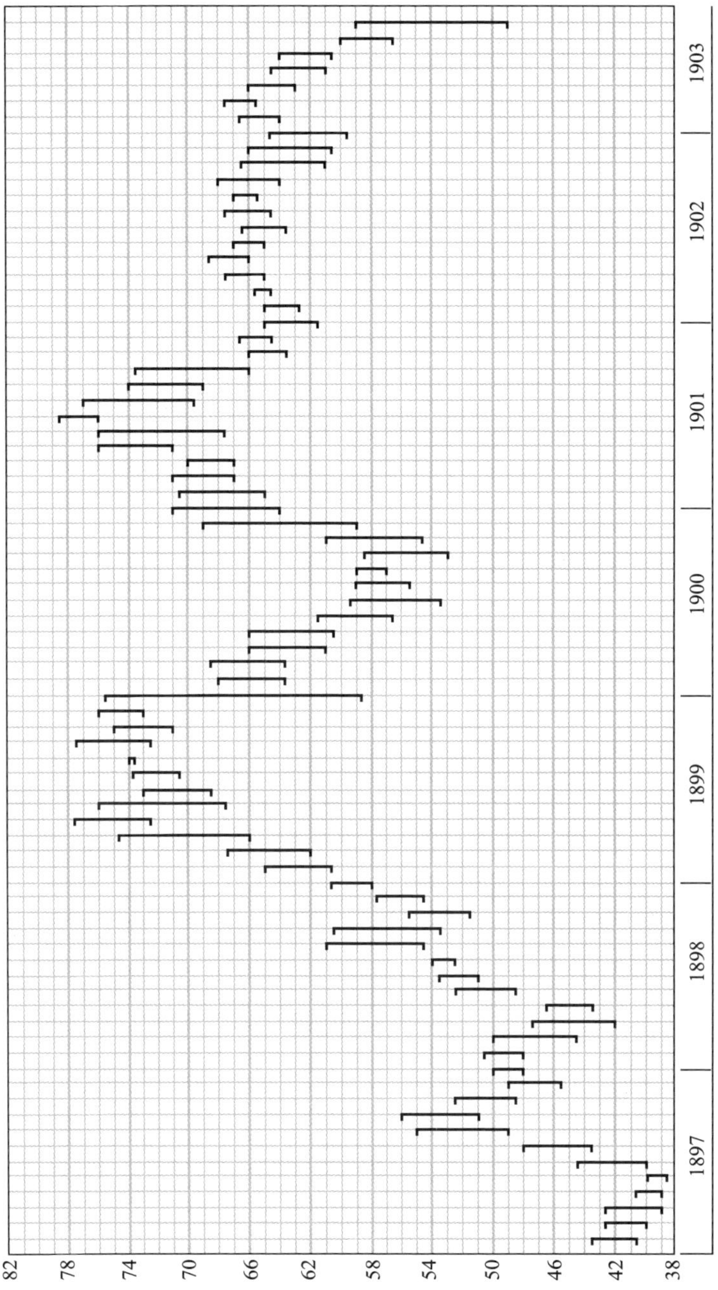


**图12　道琼斯20种工业股平均指数最高点与最低点月线图表**

1897~1903年

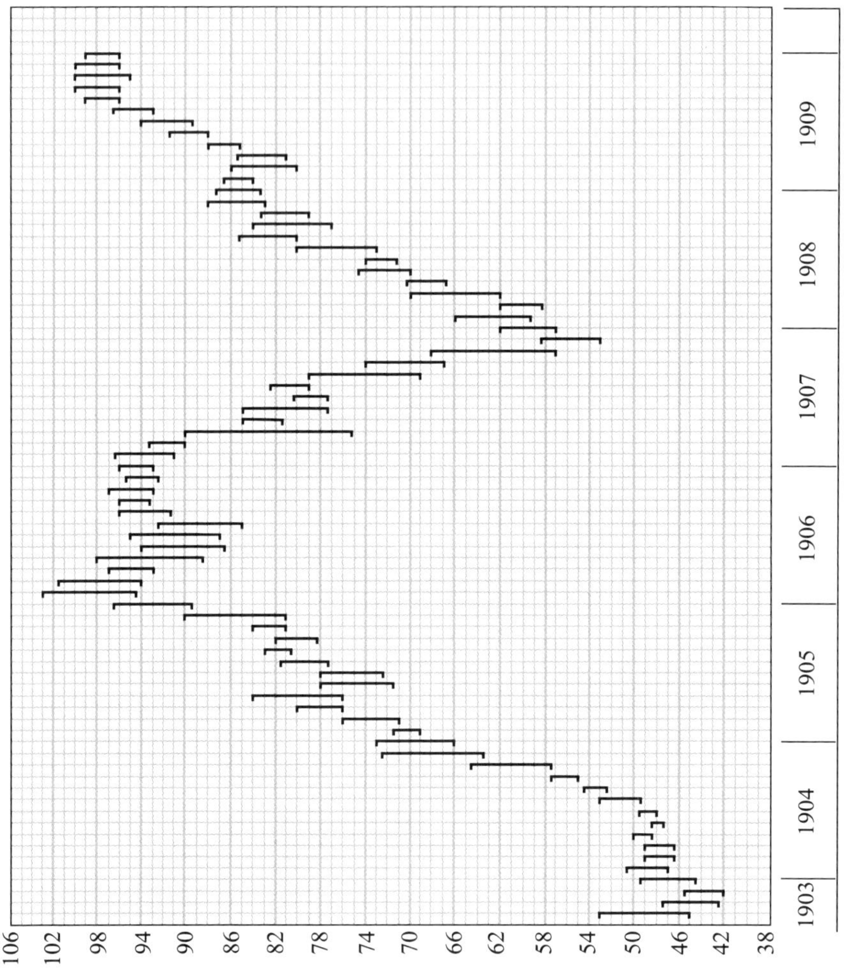


**图12 道琼斯20种工业股平均指数最高点与最低点月线图表（续）**

1903~1909年

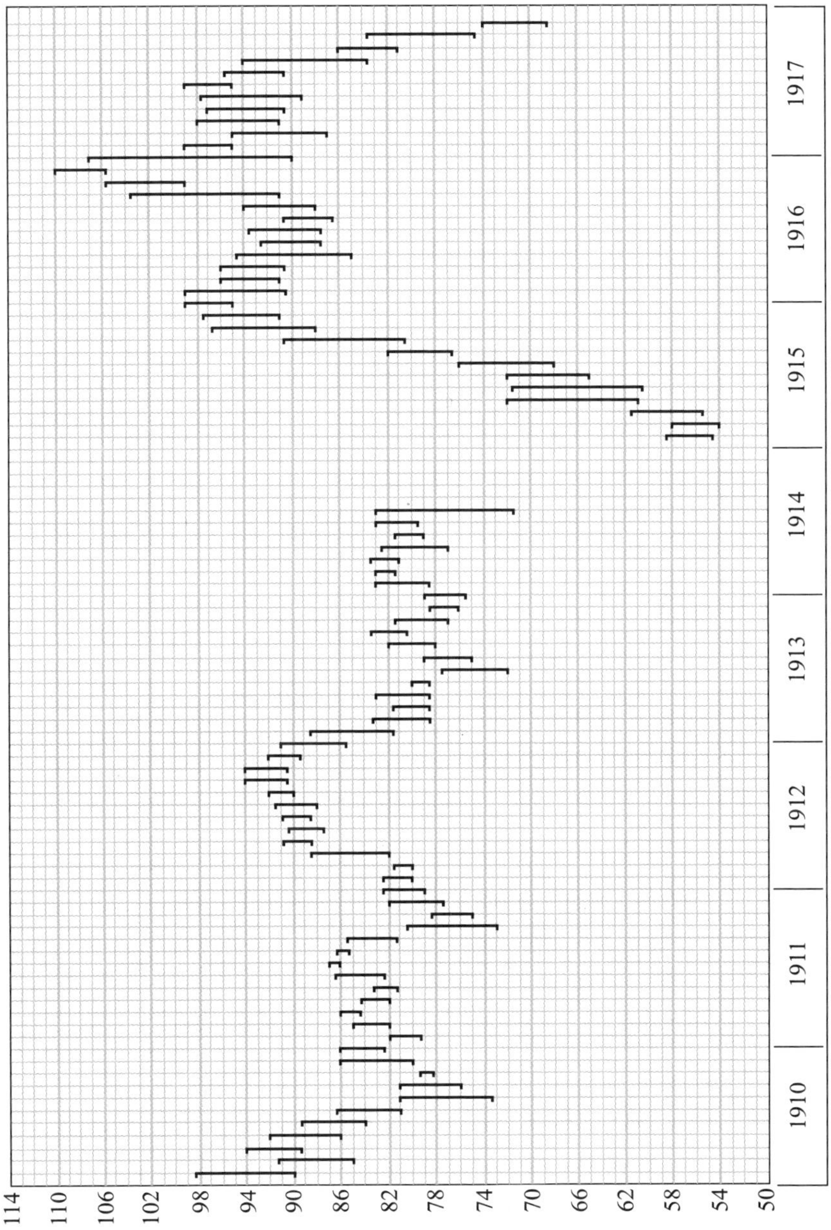


**图12　道琼斯20种工业股平均指数最高点与最低点月线图表(续)**

1910~1917年

**图12　道琼斯20种工业股平均指数最高点与最低点月线图表(续)**

1918~1922年

随后是一轮缓慢的反弹，在 1911 年 7 月形成了顶部。市场在这个顶部停留了 2 个月，并表现得非常狭窄与不活跃，这表明正在进行派发。你经常听到“不要卖掉死股”这样一句话，但是这得看这些死股的价位究竟是接近顶部还是底部。如果是在接近顶部的价位要死不活地窄幅波动，这是买盘力量已经枯竭的信号，该股的卖出只是时间的问题。迟早会出现什么事情导致买进股票的人变成卖出的人，并迫使股票下跌。从 8 月跌破派发区间开始，一直下跌到1911年9月的73点，从而形成了双底。

接下来，工业股平均指数缓慢上涨到了1912年10月。第一个顶部是在6月形成的，市场在这里停留了大约6个月进行派发。此后的下跌一直持续到1913年6月，工业股平均指数到达了73点，与1910年和1911年的最低点几乎一致，因此形成了三重底。

工业股平均指数1914年2～7月期间构筑顶部，期间市场非常狭窄。股票反弹之后变得极度不活跃并成为死股，这表明几乎没有买盘力量，派发正在进行。7月初，工业股平均指数开始下跌，并在下跌过程中变得活跃起来，点数也跌破了派发区间的下方。7月30日纽约证券交易所关闭，等到12月再次开市时，工业股平均指数下跌到了53点，与1907年的最低点相同并形成了双底，尽管中间已经隔了7年之久。

工业股平均指数一直窄幅波动到1915年的春天，这个时候工业股率先上涨，“战争宠儿”的个股每天都会出现。1915年12月，工业股平均指数上涨到了99点，这是战争繁荣期的第一个顶部。1916年4月，工业股平均指数下跌到了85点，并在这里进行了吸筹。随后出现一轮快速回升，在1916年11月创出了历史新高——110点。从这个顶部出现了一轮陡直下跌，真正的派发是在100点以下才开始进行的，也就是股票从最高价下跌了10个点后才开始的。我在前面章节中已经阐述过，什么位置会出现尖顶，以及如何在第一次大幅下跌后进行派发。

1917年，工业股平均指数一路下跌，在2月到达了第一个最低点87点。随后从这个点数开始反弹，但是工业股在整个反弹期间都不活跃。与1916年的最高价相比，股票的价格看起来十分便宜，因此公众纷纷买进。但是，整个1917年都在持续下跌，一直下跌到了1917年12月才在66点见底。这是一个尖底。随后上涨了10个点，工业股进行了吸筹。我们从图表中可以看出，吸筹发生在76～84点之间。因此，我们可以看到同样的应用交易规则——**派发发生在尖顶的下方；吸筹在尖底上方几个点进行。**

1918年全年都在窄幅波动。1918年11月，当和平到来时，工业股平均指数上涨到了88点。随后快速下跌到了80点，我们可以看出在4个点的区间停留了4个月，并且每个月的最低点都相同，这是第二阶段的吸筹，表明工业股已经为大幅上涨做好了准备。这轮上涨从1919年2月开始。我在我的《1919年的年度预测》中，精确地预测到了石油股板块和工业股板块在这年内的大幅上涨行情。1919年见证了证券交易所有史以来最大幅度的上涨。工业股平均指数在9个月内上涨了40个点。当然，很多工业股上涨了50～150个点。成交量也是证券交易所有史以来的最大值，8月、9月和10月，股市每天的成交量达到了200万股。11月初，这轮上涨以尖顶的形式结束[①]。本年度内只有2次调整，一次发生在6月，另一次发生在8月。派发在上升过程中就开始了，因为公众不顾一切地买进，根本不考虑股票价格、股票名称、历史情况，或是未来的前景。他们基于希望而买进，相信牛市永远都不会结束。但是，牛市的确结束了，而且是以一种突然的、出乎意料的方式结束，就像所有被高度操纵了的市场运动一模一样。

1919年11月，恐慌性下跌来临了，工业股平均指数一直下跌到了103点附近。反弹后停留在一个窄幅区间，并在1920年1月到达了109点。第二个阶段的派发在1月进行；接下来的2月出现了剧烈的下跌，并把工业股平均指数带到了90点。4月，最高法院下发了分红不用纳税的决定。这个决定导致了另一轮疯狂的投机潮，许多公司宣布股票分红，公众满怀希望买进市场上的每一只股票。工业股平均指数到达了105点，并从这里开始了长期的下跌，一直持续到1920年12月21日，这天股票变现了300万股，工业股平均指数为67点，与1917年的最高点相同。阅读本书后面我的年度预测，就可以看到我对1920年股市的预测是多么的精准，甚至对恐慌性下跌开始的日期都做了准确的预测。

这轮下跌之后，一轮陡直反弹持续到了1921年5月，工业股平均指数到达了81点。接着市场在顶部变得缓慢并毫无生气，表明股票的供应已经超出了需求。5月10日左右，股票变现再次爆发，股价持续下跌，一直到8月才结束股票变现，工业股平均指数也下跌到了64点。这是第三个低于正常的区域，也可以称为极度萧条区域，同时也是吸筹和买进的位置。这个区域正好与1919年极度狂热的区域相反。

1921年8月后，崩跌后一轮缓慢的反弹开始了。参看本书后面我对

① 译注：1919年11月3日，工业股平均指数为119.62点。

1921 年股市的预测，其中精确地指出了在 1921 年年内的顶部出现在 5 月，而底部出现在 8 月。

期间的调整都非常小，工业股持续上涨到了 1922 年 10 月的 103.42 点，派发也从这个位置开始了。工业股平均指数跌破派发区间发生在 1922 年 11 月，随后下跌到了 92 点，在派发区间下方的 4 个点。我在 1921 年 12 月发表的 1922 年股市预测中，指出 1922 年的最终高点在 10 月，并给出了具体的日期；同时也预测到了 11 月的下跌。

我们可以看到，从顶部到 1923 年 1 月，派发已经持续了大约 6 个月。工业股平均指数在 1923 年 1 月反弹仅仅上涨到了 99 点。我的观点是，如果工业股平均指数不能上涨超过 1922 年 10 月的最高点 3 个点，就会下跌到 75 点，甚至更低。1923 年春天的每一次反弹都会发生派发；1923 年秋天我们将会见证股市中的恐慌情形和暴跌。

# 第二十五章 低价股的吸筹

回顾历史，我们发现大多数的高价股，例如每股 100～300 美元的股票，在它们早期的某些时候股价都非常低。很多股票吸筹并成为领涨股都是在股价低于 25 美元的时候发生的。例如：参看图 9 的玉米制品。

## 玉米制品

在 1906 年的大牛市中，玉米制品的股价为 28 点，这也是当年的最高价。在 1907 年的熊市，该股下跌到了 8 点。在 1909 的牛市上涨到了 26 点，比 1906 年的最高价低了 2 个点。1911 年下跌到了 10 点；1912 年上涨到了 22 点，再次未能到达 1909 年的最高价。1914 年下跌到了 7 点，这也是该股的历史最低价。该股在 1915 年的恢复性反弹中上涨到 21 点；1916 年，该股上涨到了 29 点，这也是当时的历史最高价，比 1906 年的最高价高出了 1 个点。1917 年是熊市年，许多股票都下跌到了很多年来的最低价。但是，玉米制品仅仅调整到了 18 点。在 1917 年末，股价超过了 1916 年的最高价 29 点。该股进入新的价位区间，股价超过了 10 年以来的所有价位，表明吸筹已经完成，很有可能出现一轮大幅上涨的行情。因此，符合逻辑的做法就是，只要趋势表明向上，就要追涨。

1917 年末，该股上涨到了 37 点，在熊市年创出了新高。这表明买盘力量足够驱使该股逆市上涨。现在，有很多人认为，如果一只股票的股价很多年来都没有高于每个特定的价位，一旦到达或是超过了这个价位，必然会出现调整。这是一个巨大的错误。1918 年是不合常规的一年，股价运动很反常，因此不能把这一年定义为牛市，然而玉米制品上涨到 50 点。当其他股票在 1919 年 1 月和 2 月遭受大幅下跌的时候，该股仅仅调整到了 46 点，距离最高价仅仅 4 个点。

随后，1919 年的牛市行情开始了，玉米制品开始上涨。该股不断地抬高顶部和底部，表明需求大于供应。1919 年该股上涨到了 99 点；1920 年的春天上涨到了 105 点。当到达这个价位时，如果我们查看该股的周线图表和月线图表，就会明白派发开始了。事实上，该股形成尖顶后快速调整到了 88 点，随后反弹到了 97 点，该股从这里显现出了弱势。在趋势掉头向下之后，该股一直下跌到 1920 年 12 月的 61 点；1921 年 3 月上涨到了 76 点；1921 年 6 月下跌到了 59 点。

该股下跌到仅仅比 1920 年的最低价低 2 个点的事实，表明在这个价位附近吸筹明显。我们因此理所当然认为该股处于强势牛市形态，应当买进该股，并将止损单设置在最低价下方。该股随后上涨到了 68 点后，调整到了 64 点。1921 年 7～8 月，该股在 64～68 点之间窄幅波动并进行吸筹。随后上涨开始了。该股一路上涨，期间只有很小的调整，一直上涨到了 105 点，也就是 1920 年的最高价。当然，在这个价位附近必然会遭遇到沉重的卖压，因为大多数的人认为，股价到达历史最高价就意味着该股的价格已经足够高了。

1922 年 3 月，该股上涨到了 108 点，比 1920 年的最高价高出了 3 个点，表明尽管正遭遇沉重的卖压，还有人在继续买进该股。1922 年 5 月，该股下跌到了 99 点，并在这个价位附近变得极度不活跃，同时成交量也很小，这表明卖压正在降低。接着该股开始缓慢上涨，并逐渐构筑更高的支撑位。这个过程持续到了 1922 年 8 月，该股上涨到了 1922 年 3 月最高价 108 点的上方。之后的 5～6 个月内，该股仅仅调整了 9 个点，随后就创出了新高。这清楚地表明了该股的趋势向上。只要该股表明趋势向上，我们就可以一路跟随向上并买进。

1922 年 10 月 21 日那周，该股上涨到了 134 点。随后调整到了 124 点；接下来的 5～6 次的反弹股价都在 132～133 点之间，但是始终没能达到 10 月 21 日的最高价。从 1922 年 10 月到我撰写本章的 1923 年 1 月 12 日，该股的股价一直处于 124～134 点之间。这表明该股到达这个价位后遭遇了强大的阻力和沉重的卖压。合适的做法是卖掉多头股票并转为卖空操作。如果该股跌破了 124 点，就清楚地表明派发已经完成，我们应当跟随该股的下跌趋势，一直到该股再次获得支撑的价位，并显示出吸筹迹象。

# 第二十六章　如何看护好投资

很多人对待投资就像对待他们的健康一样。只有等到病入膏肓才去看医生；此时要么为时太晚；要么相对于早点儿咨询医生以预防将来的疾病，他们现在不得不多花 10 倍的金钱。不管你持有金边债券还是优先股作为投资，至少每年都应当找专家查看一下投资列表中证券是否出现弱势形态的征兆。在发生变化的第一个信号出现时，你就应当马上卖掉，而不是等到每个人都在卖出时才被强制清算。很少有人愿意每年付出 25 美元让人查看他们的投资，并接受真正的专家的科学建议。但是当他们损失了成千上万的美元之后，并且专家的建议已经太迟的时候，才愿意支付几百上千美元去获得有用的信息。这就跟一个非常古老的故事一样，马被偷了之后才去给马厩上锁。

## 法国国债

即便是最明智的人，也不能保证他购买的股票和债券都是合理的。经营任何一个行业都不可能不需要成本。在投机行业中的成本就是偶尔要快速地接受亏损。当我们发现自己的一笔投资表现出弱势，就要在第一个标志出现时卖出——千万不能犹豫。很多人以 107½～108 美元的价格买进法国国债，理由就是法国国债的票面利息是 7～8 个点。法国政府愿意支付如此不正常的投资收益已经向那些有头脑的人表明，法国政府的信誉一定有什么问题；如果法国国债真的是金边债券，他们是不可能支付如此高昂的利息的。当这些债券下降到 99 点时就是一个危险的信号，投资者应当马上卖出手中的这种证券。但是很多投资者却因为该债券的高收益而继续持有。现在，8％利息的法国国债下跌到了 93 美元，7½％利息的下跌到了 89 美元附近，并且没有任何近期会上涨到票面价值的迹象。因此，那些因为高收益率买进这些证券的投资者，现在只能看着自己的本金缩水 7％～10％，同时利息收益也蒸发了。

## 转变到投机证券

安全总是要比痛苦好。很多大型庄园都已经消失了。究其原因，主要是年轻的继承者拒绝出售他们先辈投资的资产，并且在这些投资刚开始缩水时不能及时转化为一些更好的东西。很多男人把财富以 4½％～5½％收益率的金边证券留给了他们的妻子。他们买进这些证券的原因就是为了安全，因为投资的目的是为了保值而不是更多的收益。一个女人的生活需要很大的收入，因此她们会卖出这些金边证券而买进投机性的证券。这样做的原因在于投机型证券的回报更大。然而，最常见的结果是短短几年后，她们发现自己不但没有赚到钱，反而还使本金缩水了一半。人类赌博的天性如此强烈，导致他们从来不去寻找安全投资，直到一切为时已晚。他们总是听信债券推销员——快速致富的鼓吹者——所讲的故事，这些人都是利用人们的期望，诱导人们把安全的投资转变成为投机性投资去赌博。这样的情形，90％的结果都以亏损告终。

## 鉴别与调查

目前，我们正处于世界大战之后的重建时期，同以往相比，鉴别就更显得重要了。每一个投资者都需要专家的服务。许多人以为，如果他们买进J. P. 摩根、库恩勒布公司和花旗银行销售的债券，他们就买到了金边证券并获得了保障。但是，实际上银行只是把销售债券收取佣金当做一项业务。它们并不会为这些债券提供担保，它们不过是在通过销售债券赚钱而已。然而，买进这些债券的投资者却不一定会看见盈利。最有信誉的交易所有时也不得不出售一些有瑕疵的债券。我们不能在没有调查债券本身的信誉度的情况下，仅仅因为销售该债券的是一家久负盛名的机构就买进。法国国债就是由我国最高级别的银行家们承销的，但这并没有能阻止这些债券的价值缩水。那些承销这些债券的银行家做出担保，他们会支撑市场并阻止下跌。

## 自由债券

即便是最好的债券有时候也会缩水，这是由供求关系决定的。美国政府是当今世界上最完善的政府，当然在1918年战争结束时也是如此。然而，为什么自由债券会下跌到85点左右呢？因为有几十亿美元的自由债券在公众手中。1920～1921年经济危机开始时，公众手中持有大量的债券而缺乏现金。因此，当他们需要现金时，唯一的方法就是卖出手中的自由债券。结果导致每个人都想卖出，买进的人却很少，自由债券的价格自然就会下跌。当这些自由债券被大投资者以低价吸纳之后，价格又慢慢回升到100美元了。

## 艾奇逊铁路

很多人认为一定存在一种价格永远也不会下跌的投资品种。然而他们忘记了这样一个事实，供求关系决定价格，一个买进的人必须有一个卖出的人配合。如果买进的人很少，而卖出的人很多，股票或债券的价格就会下跌。假设你在1915年持有艾奇逊铁路。该股先是上涨到了111点，随后调整到了105点左右，接下来反弹到了108点。我们可以从图表上看到，该股从1916年到1917年的部分时间都一直未能超过这个价位水平。这就说明，该股创出 111 点的最高价之后，股票的供应就一直大于需求。当该股的收益率低于银行的最高利率时，投资者就会卖出艾奇逊铁路的股票，等待合适的机会再次买回来。1917 年的后期，该股出现崩跌，股价下跌到了 75 点。在 1920 年这一年，该股一直停留在 76 点附近，并且出现 4～5 次同样的最低价，这表明该股获得了支撑。这个价位的情形正好与股价在 108 点时相反。当需求大于供应时，该股就停止下跌。所有的低价位股票被吸纳之后，该股开始上涨，1922 年 9 月，股价再次到达了 108 点；股价在这个价位停留了很短的时间，而且没有穿越 1916 年的最高价。这里又到了卖出股票和等待的位置了。1922 年 11 月，艾奇逊铁路下跌到了 98 点。当该股到达需求超过供应位置时，买进的时机又到了。这个过程可能要花上几年的时间。

## 专业建议的价值

我们应当为自己所有的投资绘制图表。只需要花费一点儿时间就可以持续绘制最高价和最低价月线图表了。这个图表会告诉我们什么时候应当离场。如果我们对自己的判断不是太有把握，那么就应当寻求获得一名值得信赖的专家的可靠服务。一些人感觉负担不起每年 100～200 美元的费用获得专家的建议以保护他们的投资。但是，如果这些人从一个明智的角度看问题就会意识到，没有专家的建议才是他们无法承担的花费。考虑一下我给你们的服务——每年 100 美元，就可以得到我的股市年度预测，以及每月或者更频繁发行的副刊。你还可以随时向我咨询任何关于你持有的投资品种的建议，以及如何调换投资品种使得你的投资安全并且能够盈利。每年的花费实际上仅仅是 100 股的 1 个点。很多人持有成千上万股的股票，并任由自己的投资成千上万美元的缩水。如果能每年花上 100 美元获得我的服务，他们就能节省比服务费多成百上千倍的钱。

专业意见有两种作用：不仅要保护投资者避免损失，而且还能在合适的时机保护盈利也不受损失。如果你注意到了自己的健康有了恶化的征兆，你不会等到病情严重到无可救药才去寻求帮助。你会马上寻求专业的治疗并愿意支付很好的报酬。你的投资，在一定程度也跟健康一样至关重要，甚至比你的健康更重要。因为当你的投资缩水到了一定程度，必然会引起你的担忧，进而影响你的健康。我在华尔街看到成百上千的人因为亏损而损害了健康。因此，专业的建议有双重效果——既保护你的健康，也保护你的本金。

华尔街的机会比其他任何行业都多，但是你必须拥有足够的知识才能鉴别这些机会。

## 机遇之神如是说

**——沃特·马龙**

当我敲门时你却不在，
　你误会我不会再来；
其实我每天都驻留在你的门外，
　呼唤你醒来去奋战。

莫为错失良机而遗憾，
　别为韶华逝去空悲叹；
夜晚我抹去白天的记忆，
　灵魂伴着日出而重现。

孩子般笑对辉煌淡去，
　曾经的欢娱不再眷念；
我的裁决严酷无比，
　契机之门永远打开。

身处逆境不要自暴自弃；
　我总是帮助自强之人。
曾经的浪子不用羞愧，
　从头再来又是一条好汉！

你是否惊叹青春不在？
　人生的重挫是否让你踌躇不前？
翻过不尽人意的过去，
　你会发现未来又是白纸如雪。

忏悔者摆脱魔咒，
　赎罪者将被宽恕，
清晨为你插上腾飞的翅膀，
　朗夜是你的指路星光。

# 第四部分　商品期货

有一种方法可以拒绝所有的信息、排斥所有的异议，并能使一个人永远陷入无知之中！这方法就是调查之前的谴责。

——斯宾塞

## 第二十七章　如何进行棉花交易

无论是进行投资还是作为一种投机方案，棉花市场每年总是提供很好的盈利机会。从事期货交易与买卖股票一样正当合理。棉花期货并不需要我们去产地买断棉花，然后将它们运到仓库，并支付保险费和仓储费。如果现货棉花的价格出现上涨或是下跌，棉花期货的价格会比现货的波动更为明显；交易期货的最大损失也不会超过保证金的范围①。

棉花的价格变动基于其供求关系。对棉花市场形成正确的判断要比股市更加容易。因为股市中有太多的个股和不同的股票板块，它们的趋势纠缠在一起，一些股票上涨的同时而另外一些股票则在下跌。棉花则不是这样的。如果一种合

① 译注：在当时的纽约棉花交易所，一份合约为5万磅，也就是100包。最小的价位波动单位是0.01美分，也就是1个点。在一份合约上，1个点就是5美元。

约上涨，所有的合约都会上涨。在股市，我们很可能选对了股票板块，但是却挑选了一只滞涨股买进，结果就是根本赚不到任何钱。但是对于棉花，则不用担心这样的问题。只要我们跟随了趋势，就一定能赚钱。因此，如果我们在棉花市场以适当的本金进行交易，并采用设置止损单的方式保护本金和盈利，就一定能比交易股票赚到更多的钱，尤其是在棉花市场活跃的时候。

美国南部棉花种植区的人最大的问题是他们总是多头。他们永远只看到市场的一面，充满希望长期持有，盼望价格能涨得更高，根本不管价格已经上涨了多少。就是这个原因，这些人中90%都赔钱了，因为他们不愿意看到市场的两面。他们不认为市场会走熊，拒绝在熊市中卖空。我认识很多棉花期货的交易者，他们在价格高企的时候买进，当棉花价格下跌导致每100包损失1000～2000美元的时候，依旧坐在那里，眼睁睁看着价格一天天下跌，却仍然不愿意卖出。他们这样做的原因仅仅是因为他们希望价格会上涨。记住我们的交易规则——**当仅仅是因为希望而持有的时候，就要快速离场。**任何交易都不能没有理由。只有当市场对我们有利时才能持有，而不是市场对我们不利的时候。

当棉花价格上涨到极限高点并开始下跌时，正如过去的记录显示的那样，下跌的速度会很快，并且会持续很长一段时间。1920年春，棉花每磅的价格大约是37～38美分，同年的12月则下跌到了每磅不足15美分。那么此时一个做多并期待反弹的人会遇到什么呢？棉花价格持续下跌，尽管出现过一些反弹，下跌一直持续到1921年6月的每磅不足11美分。当然，那些对抗趋势做空、抱着希望持有的人也会受到同样交易规则的惩罚。1921年8月中旬，棉花价格大约在每磅13美分。这个时候棉花价格开始上涨了，并在30天之内就涨到每磅大约21½美分。因此，我们要做的唯一事情就是限定自己的亏损并跟随趋势。弥补20～30个点的损失很容易，但是想要挽回200～400个点的损失则是十分困难的。我们的交易规则是：**快速砍掉亏损，让盈利奔跑。**但是要牢记，必须用上移的止损单来保护盈利，因为丢失到手的盈利就跟傻瓜一样，这等同于损失你的部分本金。

# 报道、新闻、谣言和观点

学会把来自农场主的报告打折。这些农场主是诚实的人，但是他们总是希望自己的棉花能够卖个好价钱。他们很容易在一个方向走极端。如果农作物生长不好，他们会夸大损失；如果农作物生长较好，他们也会充满希望从而夸大事实。种植并销售棉花的人与购买棉花的纺织厂正好完全相反。他们都是为自己的利益工作，我们不能责备他们；但是对于他们的报道和观点，我们必须学会打折。

盘势会通过基于供求关系决定的趋势告诉我们市场中大多人的观点，并揭示哪种观点更具有优势。因此，我们要忽略那些与图表和盘势显示不符的新闻、报道以及个别人的观点，因为供需关系占据最终的决定地位。如果卖盘的力量大于买盘，价格就会下跌，不用管农作物生长的坏消息和其他的什么原因。另一方面，如果需求，也就是买盘力量超过了卖盘，价格就会上涨，同样可以忽略农作物生长的好消息。当然，市场的一般趋势持续地与自然条件相反，但是供需关系决定市场价格，市场贴现未来的事件。因此，我们的强势行为不要基于任何的利好或是利空消息；在你行动之前，必须要从自己的图表中得到确认。我们不但要会解读盘势，而且要能正确地解读。对于各种消息我们首先是要确认，更重要的是还要判断该消息是否已经被贴现。

不要频繁交易。频繁进出市场会让我们感到困惑；交易的次数越多，我们出错的可能性就越大，也就增加了不利于我们的百分比。如果我们总是等待合适的机会，就一定可以盈利。如果连续 2～3 次交易都失利了，我们就不得不接受亏损。这个时候我们离场旁观，等待，直到我们的判断力变清晰，同时市场也出现了确定的趋势。在市场外，我们的判断力总是要比在场内更好，因为这时我们不会受恐惧或是希望的影响。

不管是在新奥尔良证券交易所，还是纽约证券交易所，抑或是利物浦进行棉花交易没有什么差异。一旦市场确定运动开始了，棉花市场的趋势总是一致的。也许利物浦在 1 天与纽约相反，但是很少会出现超过 2 天。同样的情形也可能出现在纽约与新奥尔良市场之间。不同市场的运行轨迹总是非常吻合。

## 需要的本金数量

交易者忽略的重要事情之一就是在棉花交易中获得成功所需要的本金数量。一些人认为当棉花价格处于正常的价位时，也就是每磅 9～12 美分，交易 100 包有200～300 美元的本金就足够了。这是金融自杀，因为如果一个人在第一次交易后损失 20～30 个点，他的本金就被打残了，以至于无法再进行第二次交易。进入棉花市场的交易者跟进入别的行业是一样的——是为了获得成功而不是去赌博。如果我们进行投机或是投资一种生意，我们很可能需要经过很多年才能积累一笔财富。但是，如果我们去赌博并孤注一掷的话，很有可能会赔光所有的钱，除了一点点希望之外，一无所有。

当棉花价格处于像 1915 年的每磅 15～40 美分不正常的高价时，我们就需要大量的本金，因为止损单将会被频繁地触及，同时这个期间的盈利也会非常大。我认为交易 100 包棉花需要 2000 美元的本金，少于这个金额则是不安全的。这笔资金不是用来在市场对我们不利的时候，让你买进 100 包棉花并一直持有的。这笔钱的目的是支付几笔小额的亏损后，我们仍然还有足够的本金继续交易，直到正确出击并获得大笔盈利。

## 怎样使用止损单操作

在正常的市场条件下价格进行窄幅波动时，我们应当设置不超过 20 个点的止损单；在极度活跃的市场条件下价格宽幅波动时，我们就应当把止损单设置在大约 40 个点。但是，我们必须将任何一次交易的风险控制在 200 美元以内。如果我们的本金是 2000 美元，5 次交易之后损失掉了一半，那么我们需要做一次盈利 200 个点的交易才能弥补亏损。绝大多数人的交易则与此相反——他们盈利的时候是 20～40 个点；亏损的时候则是 200～300 个点。这样的交易方式是没有机会战胜棉花市场的。当然，我们交易之前必须尽可能地判断市场的趋势，但是意识到自己出错了，此时最安全的方法就是赶紧离场，或是采用可以让自己自动退出市场的止损单保护自己。

一旦做了决定并设置了止损单，就不要取消；也不要改变已经设置好的止损价，因为当被改变的止损单被触及的时候，就会加大亏损。当我们决定承担比最初更大的亏损时，这样的决定99%是错误的。当市场对我们有利的时候，为了更好地盈利，我们撤销止损单就可以了；但是，当我们亏损的时候，千万不要取消止损单。无论是对于我们的本金还是我们的判断力，止损单越早生效就越有益处。只要停留在市场中，一旦交易不利，我们的判断力在这个时候就会变得很糟糕。事实上，我们已经不能做出判断了，只会简单地极力希望市场会转变为朝着对自己有利的方向发展而已。

## 如何加码

在快速的市场中可以持续加码。当然，市场条件会决定多大的间隔加码才是安全的。通常，在买进100包棉花后，一直要等到市场向我们有利的方向运动了60个点时才可以第二次买进；随后我们就要为这买进的200包棉花设置止损单。这样操作后，如果止损单被触及，我们的亏损反而比第一次买进的100包要小。

我们假设在第一次买进100包棉花时设置了40个点的止损单，也就是说最大的亏损额为200美元。现在，我们接着买进或卖空第二个100包棉花，同样设置40个点的止损单。如果止损单被触及，那么我们在第二个买进的100包棉花上就损失了40个点，但同时在第一个100包棉花上会赚到20个点的利润。这样就使得我们比第一次买进时遭遇市场不利的情况好很多。如果市场继续向着有利于我们的方向发展，止损单没有被触及，我们就可以继续跟随向上或是向下的趋势买进或卖空。但是，我们要记住，市场向着有利于我们的方向运动越多，距离这轮运动结束就越来越近了。在市场长期运动后接近顶部时，我们不能增加买进的数量；同样也不能在市场长期下跌之后接近底部时增加卖空的数量。

### 在棉花期货上的价差交易与对冲交易

许多棉花交易者认为他们可以卖出一种合约产品，同时买进另一种合约，从而形成价差交易模式。当两种合约的价格靠拢重叠的时候，他们就能盈利了。十之八九，这种操作结果正好相反，不但不会盈利，还很有可能赔大钱。如果不能准确判断市场的趋势，最好不要同时双向操作。当一个交易者设计好非常有把握的价差交易组合时，总是会有颠覆这个计算的一些事情发生。正如一个交易者曾经对我说的那样，“我的经纪人给我推荐了一个非常安全和有效的价差交易组合——的确是很好的跨越式[①]——于是我充满喜悦地跨了上去，结果却把我撕成了两半”。这就是价差交易最常见的结果了。

一个交易者出现的另外一个大错误是：当他们在一个方向买进后，市场开始变得对他们不利。他们拒绝承认自己的错误并接受亏损，而是在另外一个方向卖空来进行对冲。随后，他们在市场上就既是多头又是空头，因此就要同时考虑两种头寸在何时离场。这是不可能同时兼顾的任务。他们总是中止盈利的头寸而保留亏损的头寸。这样的交易方式是错误的对冲。一个人在市场同时进行双向交易时不可能有清晰的判断力，单向交易就已经够难的了。因此，我们不要做价差和对冲，要尽力判断出市场趋势并跟随趋势。

## 第二十八章　正确解读棉花盘势的方法

我在前面阐述过，棉花市场的价格是由供需关系决定的。解读棉花市场的盘势与股票的唯一差异就是棉花市场的报价单上没有显示每种合约的成交量。这偶尔会给判断趋势带来一些困难。尽管我们不知道成交量，但

① 译注：straddle 本意为跨越式、钳式，也就是两腿叉开状。

是盘势上的波动会清楚地表明成交量是非常大还是非常小。当市场出现很大的买盘或是卖盘时，要么是向上运动要么是向下运动，市场不可能静止不动。所以，市场的活跃程度就会告诉我们是否有大量的交易在进行。当窄幅波动时，说明市场沉闷并且不活跃，这就表明了买盘和卖盘正在减少到很小的规模，并且是没有大运动的标志。因此，投资者唯一能做的事情就是等待，直到看到市场开始活跃后再跟进。

解读棉花盘势最好的方式与股市一样——远离市场；亲手绘制图表，并安静地读盘。避开经纪人的办公室，因为这里经常是小道消息的源头。这些小道消息会混淆你的判断，并且总是导致你以错误的观点来看事情。

棉花盘势也会像股市的盘势那样经常愚弄我们。因为当地的气候条件，无论是好还是坏，都会导致快速的下跌或是上涨，但并不会改变市场的主要趋势。然而，如果一直盯着盘势，我们就会直观地认为盘势表现得非常强势或是弱势，这个时候我们就会相信市场的表现而采取行动。之后，我们就会发现自己买在了顶部或是卖在了底部；接下来市场又恢复了主要的趋势，我们出错了。当然，盘势会给出少许的希望，所以我们就继续持有。如果远离市场，我们就会依据自己的交易规则进行交易并设置止损单。这样我们就不会受到恐惧和希望的影响。这个交易规则既适用于窄幅波动的市场，也适用于宽幅运动的市场。因为在任何重要的下跌之前，必然会进行派发；在任何大幅上涨之前，也需要时间进行吸筹。

## 派发或顶部区域

图 13 是 1919 年 11 月至 1923 年 1 月棉花 10 月合约的图表，包括了所有重要的顶部和底部、派发和吸筹。我们可以看到从 1919 年 12 月 6～13 日，点数从 2970 点下跌到了 2700 点；随后在 1920 年 1 月 17 日上涨到了 3140 点；接下来在 2 月 7 日下跌到了 2760 点。市场在接下来的一周开始反弹，形成了比 12 月更高的底部。之后又逐步抬高底部和顶部。市场持续上涨，每周都创出新高，一直到 4 月 17 日那周上涨到了 3715 点。接下来的一周，也就是 4 月 24 日结束的那周，点数上涨到 3725 点，这也是最后的高点。点数很快下跌到3430点，但是由于派发还没有完成，所以还需要

**图 13　棉花 10 月合约最高价与最低价周线图表**

1919 年 11 月至 1923 年 1 月

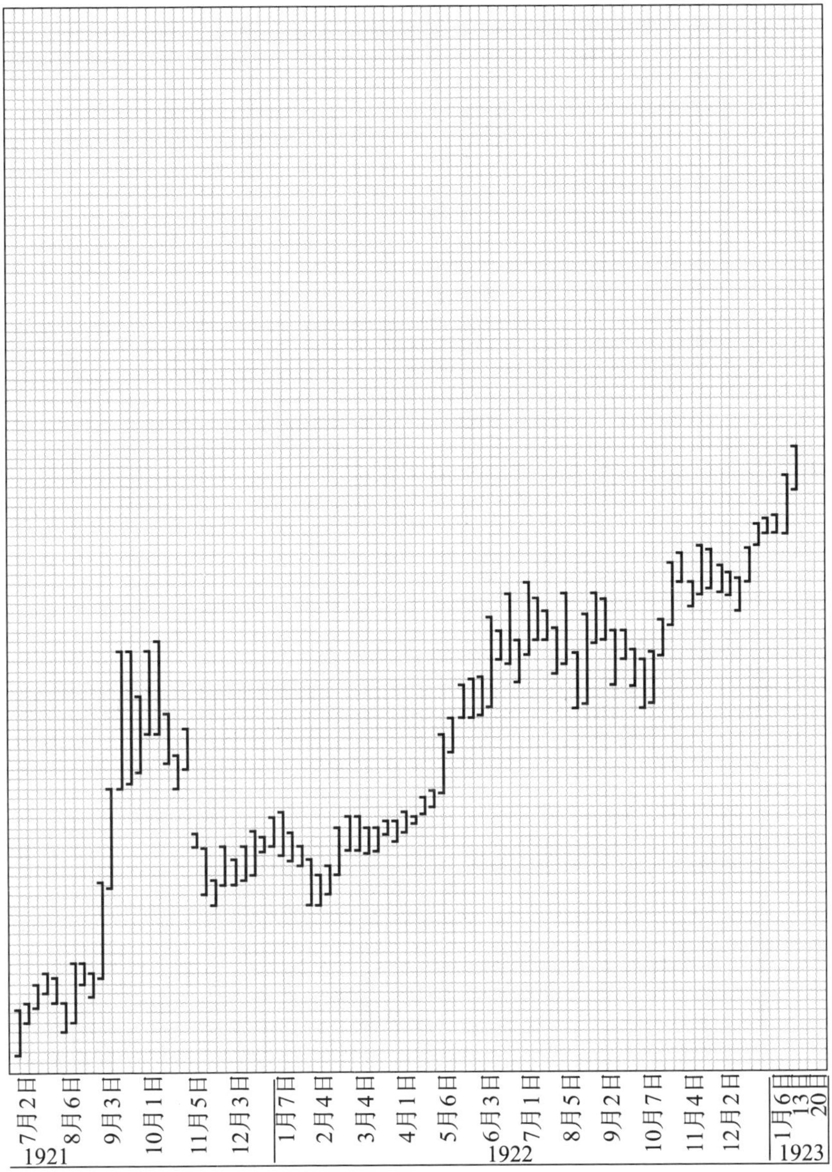


图 13　棉花 10 月合约最高价与最低价周线图表（续）

一段时间。市场上下宽幅波动，好几次都接近 37 美分[①]这个位置。5 月 22 日，点数上涨到了 3690 点；随后下跌到了 3410 点；6 月 5 日的最后一次反弹到达了 3670 点。在此之后，市场持续下跌，在 7 月 3 日下跌到了 3170 点；随后在 7 月 24 日反弹到了 3530 点。正如我们在图表上看到的，7 月 3 日的下跌已经跌破了派发区间的下方，这表明大趋势已经掉头向下，我们可以在所有反弹的时候进行卖空操作。

## 变　现

快速的下跌接踵而至，点数一直跌到 1920 年 9 月 4 日的 2550 点；随后在 9 月 8 日反弹到了 2960 点。我们注意到接下来的一周在进行窄幅波动。随后下跌再次开始了，强烈的变现[②]持续进行，点数在 11 月 27 日结束的那周下跌到了 1440 点。市场在反弹到 1650 点后，又在 1921 年 1 月 1 日下跌到了 1360 点；1 月 22 日反弹到了 1640 点，这个点数略高于 1920 年 12 月 18 日的顶部，这里再次遭遇卖压。我们注意到向下波动时开始收窄，但是仍然在形成更低的顶部和底部。下跌一直持续到 3 月 5 日，点数到达了 1200 点。随后出现一轮缓慢反弹，点数逐渐回升。正如我们从图 13 上看到的，5～6 月上旬，这个期间棉花的价格停留在 14 美分这个位置。接下来出现了另外一轮下跌，并在 6 月 25 日形成了最低点 1120 点。

## 吸　筹

这是一个尖底，一个快速反弹接踵而至，使得点数在 1921 年 7 月 16 日回升到了 1320 点；随后在 7 月 30 日调整到了 1190 点；接下来的反弹在 8 月 6 日上涨到了 1350 点，这是棉花价格跌破每磅 30 美分并创出新低后第一次形成了更高的顶部。市场在这里休整了几周后又继续上涨并超过了 8 月的最高点。这预示着趋势已经发生了变化，买进棉花的时间到了，因

---

① 译注：37 美分等于 3700 点。

② 译注：变现在这里是指平仓离场，把头寸变成现金。

为经过在低位几个月的窄幅波动后，市场变得活跃并开始上涨。当价格穿越了每磅 14 美分时，点数就站上了 5 月和 6 月的顶部上方，这是另一个即将大幅上涨的确切标志，同时这里也是加码的位置。9 月，价格快速上涨，并穿越了在 1920 年 12 月和 1921 年 1 月形成的大约 1650 的高位。这轮上涨如此迅猛，以至于在 9 月 10 日就到达了 2150 点。随后是陡直的调整，点数回落到 1810 点附近。当调整开始时，设置的止损单就会将我们带到场外。

只有在派发或是吸筹完成后，我们才有可能预计会出现一轮大幅上涨或是下跌的行情。市场在 18 美分上方停顿了几天，随后反弹回升到了 2150 点。这时，我们应当卖空，并把止损单设置在老顶上方 30～40 个点。在这之后，价格再次下跌到 1930 点附近，在这个位置盘势变成沉闷的窄幅波动。1921 年 10 月 8 日再次开始上涨，反弹在 2175 点形成了稍微高一点儿的顶部。一轮下跌开始了，一直持续到 11 月 19 日结束的那周下跌到了 1520 点。随后是一轮持续几周的缓慢反弹，点数在 1922 年 1 月 7 日到达了 1730 点；随后下跌到 1510 点，与 1921 年 11 月 19 日的最低点形成双底。这里就是我们的买进点，止损单设置在先前老底下方 30～40 个点。

## 牛市的第二阶段

在这之后，一轮缓慢的上涨开始了。1922 年 2 月 25 日，点数上涨到了 1720 点，正好在 1 月最高点的下方。随后的调整使得点数下跌到了 1640 点，市场在这里变得非常沉闷和狭窄。在这种情形下，我们应当等待并观望，点数究竟是跌破第一次调整在 3 月 4 日那周创出的最低点，还是上涨到 1 月 7 日那周形成的最高点上方。在 4 月 22 日结束的那周，点数穿越了 1 月和 3 月的最高点，这表明趋势已经掉头向上。由于进行了长期的大规模吸筹，我们可以预计会有一轮大幅上涨的行情。趋势持续向上，一直到 6 月 24 日到达了 2290 点。随后一轮陡直的下跌使得点数到达了 2070 点；接下来快速上涨到了 2325 点。市场在顶部附近变得狭窄和沉闷，我们应当卖出多头头寸并转为卖空操作。

## 阻力位

1922 年 7 月 29 日，点数下跌到了 2090 点；随后在 8 月 5 日那周上涨到了 2290 点；接下来的陡直的下跌使得点数到达了 2000 点；然后在 8 月 26 日反弹到了 2290 点，点数再次未能上涨到在 7 月和 8 月形成的最高点上方，这表明阻力位在 23 美分左右。我们应当在这里卖出多头头寸并转为卖空操作，止损单设置在老顶上方 30～40 个点。下跌接踵而至，在 9 月 30 日结束的那周再次下跌到了 2000 点。2000 点是 8 月 12 日到达的最低点，我们应当回补空单并等待，或是多头买进，并把止损单设置在这个最低点下方 30～40 个点。这个最低点并没有被跌破。

## 牛市的第三阶段

上涨开始了，市场快速上移使得价格站在了 23 美分上方，同时也超过了在 7 月和 8 月形成的顶部，这表明将会到达更高的价位。在 1922 年 10 月 28 日结束的那周上涨到了 2400 点。随后，点数下跌到了 2260 点；接下来的反弹创出了新高 2415 点。但是，随后市场变得狭窄和沉闷，我们的止损单在这次调整中被触及。下一个需要密切关注的点位是 11 月 4 日形成的最低点。在 12 月 9 日那周下跌到这个最低点时，我们应当多头买进，并将止损单设置在这个最低点下方 30～40 个点。这个止损单没有被触及，因为随后上涨就恢复了。市场持续上涨，一直到 1923 年 1 月 24 日这天，也就是我撰写本章的时候，10 月合约已经上涨到了 2677 点。我认为当派发在这些高位完成后，一轮长期的下跌就会开始，棉花的价格会跌回到 15 美分左右，甚至更低。

活跃的合约总是值得交易。当合约快到期时不要进行交易。在临近交割期时，去寻找大幅波动或是要履约的机会是毫无用处的。如果能够顺利履约，就交易下一份合约。

# 第二十九章　如何判定趋势的变化

当市场在非常狭窄的区间波动时，我们应当把一天内出现每一次10个点的波动绘制在图表上。这样我们才能够判断出是否在进行派发或是吸筹，并辨别出阻力位在什么位置形成。一旦突破阻力位并进入新的价格区域，我们就能在随后跟随趋势。对于极度活跃的市场，当价格高企并且宽幅波动时，10个点的波动就意味着太小了。这时，我们要把一天内出现30～40个点的波动绘制在图表上。通过这种方法，我们能够准确定位阻力位，并判断出何时会突破派发或是吸筹的区间。

在交易一种活跃的合约时，我们应当绘制该合约的月、周、日的最高价和最低价的图表。这项工作每天只需要花15～20分钟的时间，我们就能从中获得非常好的回报。图表的价值在于能反映什么位置会获得支撑，以及什么位置没有支撑；在上涨的时候，图表则会显示出什么位置会遇到阻力位，以及什么位置突破了阻力位。因此，图表能够帮助确定买进点或是卖出点，以及如何设置止损单以达到最大可能的保护作用。

在激烈的向上或是向下波动后，在下一轮波动之前，市场几乎总是进入一个停滞期。买盘和卖盘大致平衡，市场的下跌也收窄。随后，市场就会开始向着原来的方向或是另外的方向运行，我们就可以跟进了。当然，这里偶尔出现的佯动是必然的。在吸筹完成后，可能会有一些消息导致一轮陡直的急剧下跌，随后是快速的弹升。接下来，如果价格站在先前确定的价位上方，我们可以认为走势已经逆转，价格将会继续上涨。

在形成第一个顶部时，市场经常会出现一部分多头利润被兑现，以及空头头寸被建立的情形。此时会出现一些利多的事情去恐吓空头，空头回补迫使价格到达稍微高一点儿的位置，因此在技术形态上形成弱势。随后，一轮快速的下跌将会开始。如果跌破先前的最低价，同时市场在下跌过程中表现得非常活跃，这就表明趋势已经再次掉头向下了。

不要试图每天都要交易，要观察和等待机会。一旦发现自己与市场的趋势一致，就继续跟随向上或是向下的趋势，直到看见趋势逆转的信号。不要因为获得了一些盈利就平仓中止交易，而要根据图表的形态和整体情况判断趋势是否已经发生变化。不要在大量利好消息出现后买进；也不要在极度看空的报告出台后卖出。因为不管消息是利空还是利好，几乎总是被贴现了。当然，当利好或是利空消息公开的时候，我们要考虑一下趋势会是向上还是向下。

不要在长期上涨或是下跌之后试图开始加码。这样做可能对我们不利。开始加码要在一轮长期运动之后，趋势第一次向上或是向下的时候进行。当价格到达到顶部或是底部时，通常会出现一系列的快速运动；随后，市场的波动逐渐收窄，并为另外一轮重要的运动奠定基础。

如果某一年的收成很差，棉花价格在来年的春季处于高位的时候，我们买进的时候就要十分谨慎。一轮下跌很有可能会出现，原因就在于市场会贴现 6 个月之后的新棉上市因素。同样的道理，在棉花丰产之后的来年春季，我们卖空的时候也要十分谨慎，处于低位的棉花价格已经兑现了头年棉花丰产的因素，但是并没有贴现当年的收成情况，未来的收成可能会对棉花价格有利，也可能不利。如果人人都知道了棉花丰产或是极度短缺，那么想要这样的利好来进行交易就已经太晚了。除非有一些非常特殊的情形出现，无论当时价格处于高位还是低位，我们的图表也会告诉我们何时出现了变化。

不要仅仅因为棉花价格可能很高了就卖空。我们应当牢记，如果条件合适，价格总是持续上涨的。也不要因为价格处于低位就买进，因为它很有可能还会更低。永远不要对抗趋势，也不要猜测顶部或是底部的位置。等待，直到图表表明了趋势已经发生变化后再行动。在趋势非常明确的情况下买进或是卖出总是会赚到大钱的；而过于匆忙与行动太慢，一样都会赔钱并失去机会。

## 第三十章　棉籽象鼻虫

大约 20 年前，这种小昆虫就开始蹂躏得克萨斯州的棉花。它们的危害程度逐渐加剧，并且逐年向北蔓延，一直穿越了密西西比河地区，给南部各州棉花种植区带来重大灾难。人们已经使用了一切手段来消灭这个小怪兽，然而到目前为止，也就是我撰写本书的时候，每个人似乎都认为棉籽象鼻虫是没有办法对付的。这让我想起了1893年，当时的棉花价格只有每磅4美分，人们因此非常厌烦并纷纷离开农场。亨利叔叔说“情况已经如此糟糕，我们必须行动起来；而不是敲着脑袋去想办法”。当然，在人们纷纷离开自己的土地到锯木厂去工作时，棉花的产量减少了，价格就涨起来了。当事情走向这样或是那样的极端时，总是会发生一些事情让人们忙碌起来，并且开始思考能够带来变化的办法。

1917年，英国人和法国人被逼到墙角，德国人的攻势使他们快速退缩。这是必须要采取行动的时刻了，“山姆大叔”力挽狂澜并拯救了世界。美国人民当时十分富裕，各个方面都很发达，每年都会涌现大量的天才。每当我们遇到极端的情形并需要天才出现时，他们总是应运而生。我们近期筹集了数以百万计的美元来解决消灭棉籽象鼻虫的问题。毫无疑问，作为当前最需要的人，一些美国的天才一定带着他们的新发明或者新的杀虫剂出现，成为这种小虫子的终结者。随后，那些鼓吹并希望棉花价格上涨到每磅40～50美分的多头，就会像棉籽象鼻虫一样成为过去式；熊市会再次主宰棉花市场，并将价格带回到“10”字头。

棉花从每磅7美分开始上涨，价格从1915年以来就一直居高不下。我清楚地记得在1914年的秋天，南部的情况非常糟糕。他们鼓励每个人都去“买一包棉花”。当时，1包棉花的价格不足30美元[①]。但是，为了拯救南方，人们被要求花50美元买进1包棉花。我记得那时有一天晚上，我住在MaAlpin酒店，在酒店大厅放着1包棉花，上面大大的标语写着：“为了拯救南部，请买1包棉花吧。”这是极端的生产过剩——大量的供应对应极少的需求；当然，这是战争的恶果，战争使得欧洲临时性中止棉花的购买。

棉花的价格大约在每磅29美分的高位已经停留了很多年，很多人确信棉籽象鼻虫就是时代的“独裁者”，棉花的供应量因此再也不可能会满足

① 译注：30美元1包对应的价格是每磅6美分。

需求量了。然而，情况一定会改变的，供过于求的状况也会出现的。为什么呢？因为每磅 25 美分的价格导致种植棉花有很大的利润。人们总是从事有利可图的行业，所以总有一天会生产过剩的。这是目前供不应求情况会导致的另一种极端市场。我可以毫不犹豫地断言，1923 年的棉花产量会大幅增加；在 1924 年的春季之前，棉花的价格会在 15 美分这个价位水平，几年之后会再次下跌到每磅 10 美分以下。

在极端市场条件下，每个人都会极度悲观，看不到价格上涨的希望；而当价格异常偏高时，每个人都认为没有任何价格会走低的可能。在这个时候，我们要独树一帜并依据盘势和图表进行判断，因为只有它们才会依据供需关系的自然法则指明正确的价格走向。

# 第三十一章　小麦和玉米的交易

小麦和玉米市场与棉花一样，趋势也比股票更容易跟随。正如我在前面阐述的那样，因为它们绝大多数时候是非常清晰的。只要我们能够判断趋势，所有合约的运动都是一样的。如果我们能跟随趋势正确地买进或是卖出，就能获得盈利；例如，在进行股票交易时，我们可能正确地跟随了铁路板块的趋势，但是，如果我们买进或是卖出了一只走势滞后的股票，那么，尽管我们与趋势一致，结果却是要么赚了一点儿小钱，要么甚至还会赔钱。在进行谷物交易的时候，这样的情况就不会发生。因此，最好是仔细地研究商品期货市场，当季节性波动出现的时候，市场每年都会提供几次获得丰厚盈利的机会。

## 非正常市场

我们要记住，宽幅波动的非正常市场几年的时间才会出现一次。所以，我们不应当期盼在正常市场条件下获得不合理的高盈利。在过去的 7 年内，也就是战争爆发后，我们已经经历过非正常的市场了，小麦和玉米的宽幅波动已经超越了在正常市场条件下的可想象到的程度。很多交易者错过了目前市场条件下许多赚钱的机会，仅仅因为他们还在寻找并希望获得战争红利。然而，现在已经没有理由也没有那样的基础了，他们仅仅是依据希望在赌博。

小麦、玉米和燕麦的极限价格是由美元的购买力决定的。1895 年和 1896 年，种植小麦的农民虽然以 60 美分每蒲式耳的价格出售小麦，但是比今天以 1 美元每蒲式耳的价格出售小麦赚到的钱还要多，原因就在于美元的购买力已经降低了；而劳动力和土地成本上涨了。当情况出现变化以及农村劳动力回到正常状态时，小麦和玉米的价格自然就会走低了。因此，我们在判断市场趋势时，必须把所有这些决定性固有因素都考虑进去。

## 需要的本金

本金的数量取决于小麦市场是处于正常情况下的窄幅波动还是非正常年份的宽幅波动。我认为不管在何种市场条件下，如果要交易 5000 蒲式耳的数量至少需要 2000 美元。这样的话，如果把亏损限制在 2～3 美分每蒲式耳，我们就有可能持续到盈利大于亏损的足够本金。

假设我们设置 4 个点的止损单，这就意味着每 5000 蒲式耳的交易亏损的额度就是 200 美元，这样我们本金就可以交易 10 次。如果交易了 5 次并且都亏损了，我们还是有足够的保证金进行另一次交易，而如果我们成功地跟随了趋势，2 次正确的交易就可以弥补前 5 次亏损。

在正常市场条件下，交易每 5000 蒲式耳玉米就需要 1000 美元的本金。因此，亏损的额度应当控制在 2 美分，止损价一定不能超过 3 美分每蒲式耳。在任何一次交易中，我们承担超过 3 美分的风险都是不安全的。如果我们出错了，就要赶快离场并且等待。

## 设置止损单做保护

无论是交易玉米还是小麦，我们都要在每一次交易时设置止损单。一个人如果在交易中不设置止损单迟早会亏损掉所有的钱。通常，在任何一次交易中止损价都不能超过 2～3 美分每蒲式耳；即使是在宽幅波动的非正常市场中，止损价也不能超过 5 美分每蒲式耳。如果一个人在 5 美分每蒲式耳的范围内都不能预测出顶部或是底部，那他一定出错了，应当离场并等待趋势的变化。

永远不要对抗趋势，因为我们设置的止损单经常会被触及并让我们离场。在牛市，我们要在调整时买进；在熊市，我们要在反弹时卖空。不要猜测市场会在何时到达顶部或是底部，而是要等待盘势自己显示结果。要给予市场时间，供需关系会明确地告诉我们趋势何时发生了变化。

### 加　码

在活跃的市场上，我们可以进行加码操作。当然，加码的间距是由市场条件决定的。在窄幅波动的市场条件下，我们只有在第一次交易盈利了 4～5 美分之后才能进行在同一方向的第二次交易。如果处于类似战争期间的市场条件下，我们应当在每上涨或是下跌了 7～10 美分每蒲式耳时加码一次。在正常市场条件下，当小麦价格从 10 美分每蒲式耳上涨到 12 美分每蒲式耳，我们总是可以预计会有一个 3～5 美分每蒲式耳的逆向运动。因此，在底部或顶部出现 10 美分的运动时，我们的买进或是卖出就要十分谨慎。

一旦市场脱离派发的时间周期，趋势无论是向上还是向下都会清楚地运行，并且调整也会很小。在吸筹或是派发进行时，我们的交易只能获取很小的盈利，因此不能尝试或是进行加码操作；只有在脱离了吸筹或是派发区间后，才可以买进或是卖出第二份头寸。

## 第三十二章　判断吸筹或派发的区域

股市和棉花市场的交易规则也同样适用于谷物市场。在任何重大或是长期持续的运动之前，都需要时间进行吸筹或是派发。对于活跃的合约，我们应当绘制最高价和最低价的日线图表、周线图表和月线图表。日线图表能够告诉我们持续仅仅几天的小型运动何时开始了；而周线图表和月线图表则能判断主要趋势何时发生了变化，因此我们就能在合适的时间进行买进或卖出，从而抓住大的运动。

## 小麦价格的月波动区间

供需关系决定商品价格；而盘势和图表揭示了集合起来的买盘力量或是卖盘力量，因此它们就可以表明主要趋势运动的方向。

1894～1895 年期间，小麦价格为 50 美分每蒲式耳，这是美国内战以来的最低价。随后的几年内，小麦价格并没有快速上涨而是都停留在低位。图 14 是小麦价格从 1895 年到 1898 年的变化情况。1895 年 12 月，5 月玉米合约的最低价是 56 美分每蒲式耳；随后在 1896 年 2 月、3 月和 4 月反弹到了 68 美分每蒲式耳；1896 年 5 月下跌到了 56 美分，与 1895 年 12 月的价格相同。从那儿之后，价格穿越了 68 美分，也就是说到达了派发区间的上方，并一路上涨到了 85 美分。在这个位置，我们注意到价格连续 4 个月形成了相同的顶部。一轮下跌接踵而至，并在 1897 年 4 月下跌到了 64 美分。此后，上涨开始了，价格一直上涨超过了 85 美分，创出了这些年来的最高价。1897 年 8 月，价格到达到了 1 美元每蒲式耳；随后调整到了 88 美分；接下来在 88～95 美分之间窄幅波动了 4 个月。1897 年 12 月，价格上涨到了 98 美分并超过了前面 4 个月的最高价。

我们从一开始就要牢记：任何一轮大幅度上涨或下跌，在运动开始之前都需要长时间的吸筹或是派发。从 1897 年 8 月一直到 1898 年 2 月，吸筹在过去几年来的最高价上方进行。换句话说，价格一直持续在真实反映小麦新价值的价位上，并且停留了 7 个月。一旦趋势转为上涨并且超过 1.00 美元之后，价格就持续上涨到了 1.09 美元，这表明了一轮大运动正在进行。1898 年 3 月，5 月合约一直在 1.02～1.07 美元每蒲式耳之间波动，所有的迹象都显示了趋势向上。随后，一轮大幅上涨开始了，5 月小麦的价格在 1898 年 5 月到达了 1.85 美元。这就是雷特囤积（Leiter Corner）。雷特先生囤积了大量的小麦头寸，但是未能把价格维持在高位。结果当囤积崩溃的时候，小麦价格立即崩跌到了 1 美元每蒲式耳的下方。

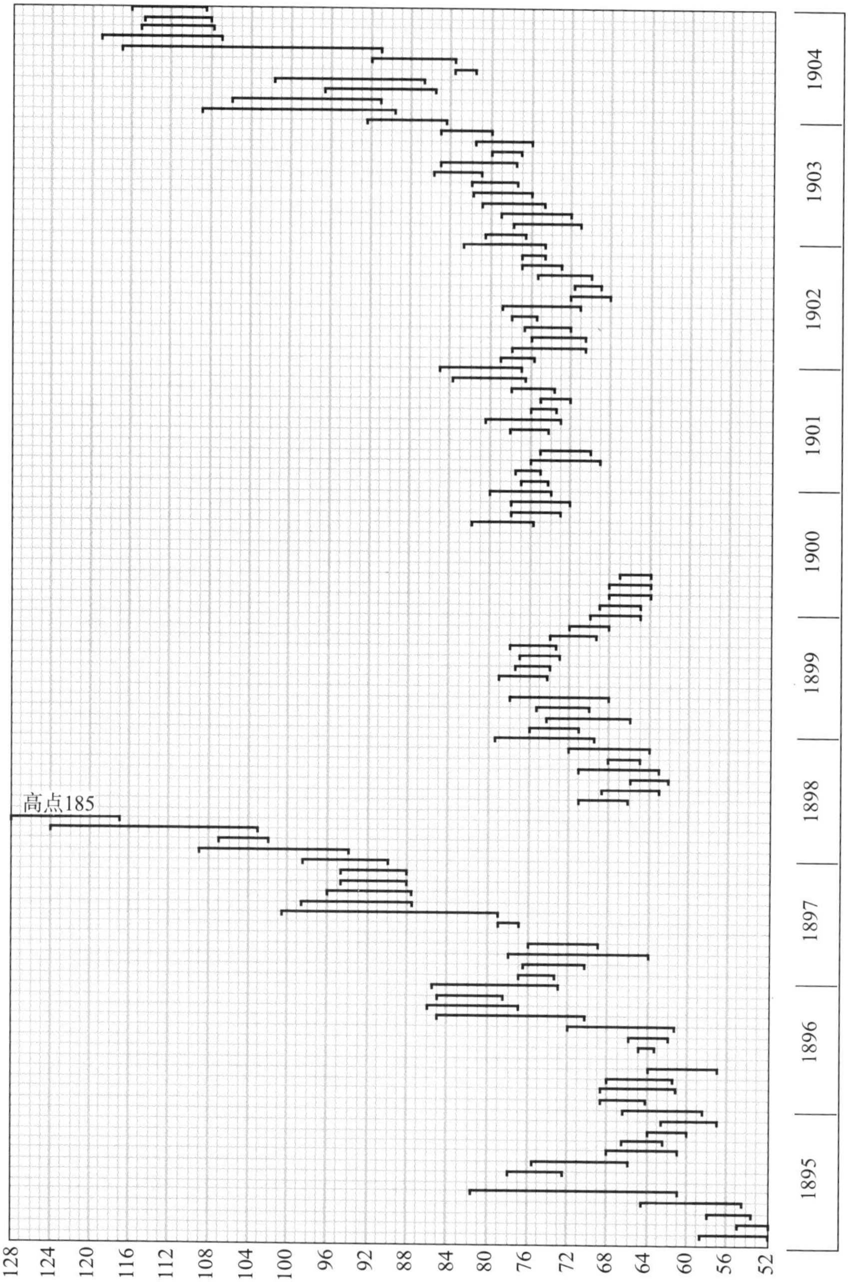


**图14　道小麦5月合约最高价与最低价月线图表**

1895~1904年

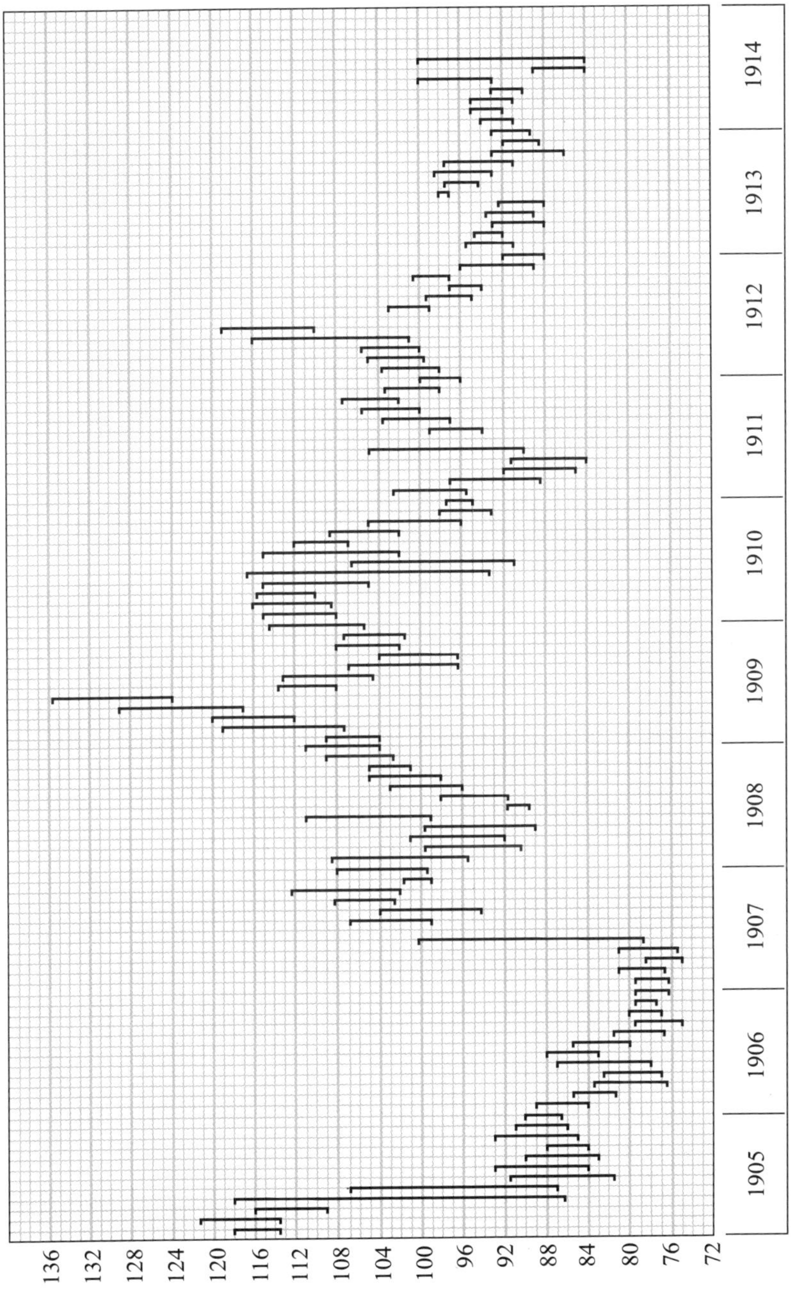


**图14　道小麦5月合约最高价与最低价月线图表**

1905~1914年

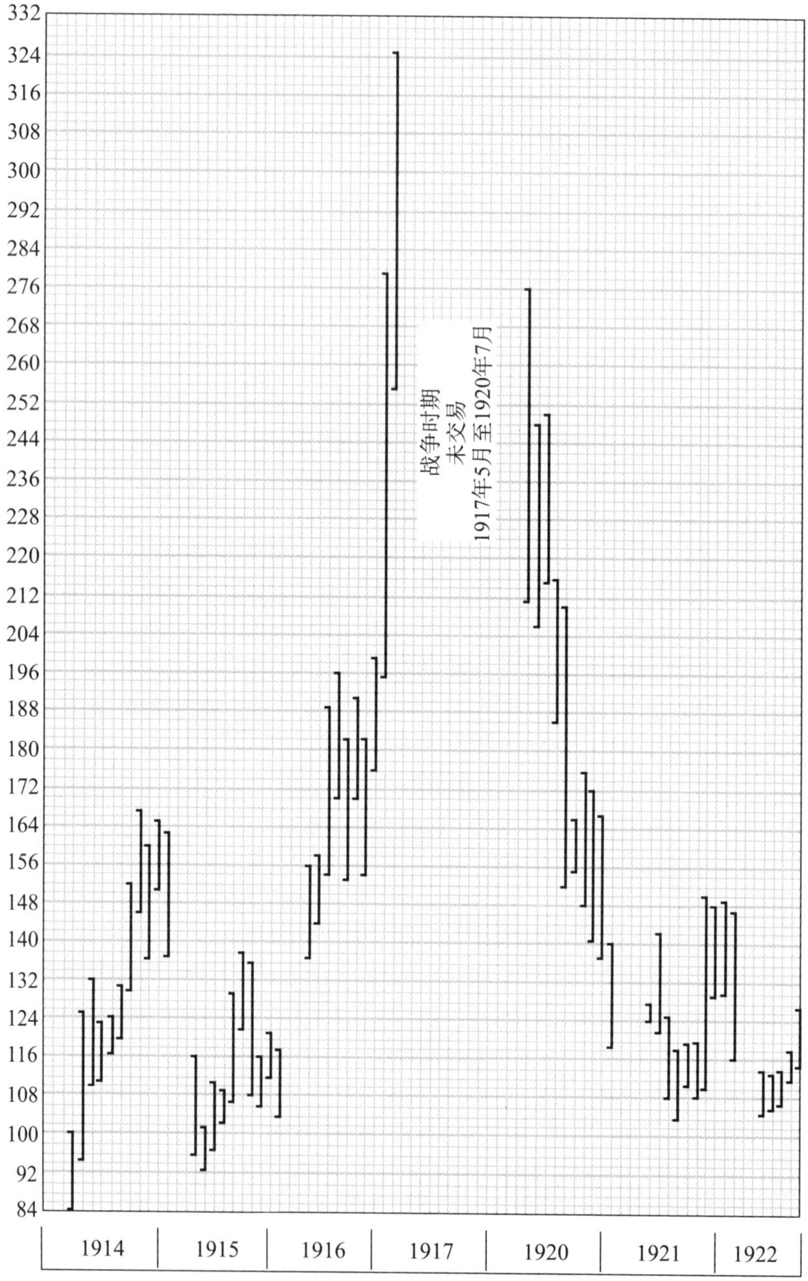


**图 14　小麦 5 月合约最高价与最低价月线图表（续）**

1914～1922 年

1898 年 9 月，我们看到 5 月小麦再次下跌到了 62 美分每蒲式耳附近，并在这个价位停留了 3 个月；随后在 1899 年 1 月上涨到了 79 美分。接下来市场出现了窄幅波动的常规运行，在 1899 年 7 月和 9 月，价格再次上涨到了 79 美分附近；随后在 1900 年的 3 月、4 月和 5 月下跌到了 64 美分。我们在这个位置看到了波动收窄，每个月的波动仅仅为 3～4 美分。

## 摆动图

在接下来的长时间周期的窄幅波动之后，我们参看图 15，该图表只显示大幅摆动——主要的顶部和底部——从 1895 年初以来，价格每年持续走高。也就是说不断略微抬高底部，战争再次把价格推升到一个非正常的高价水平，并在 1917 年 5 月达到 3.25 美元。

我们观察 1904 年秋天和 1905 年初的顶部，当时小麦价格到达了 1.20 美元，这是自雷特囤积以来的最高价。注意到在 1.08～1.20 美元之间进行了派发，而且当价格跌破这个区间后就快速下跌了，在 1905 年 6 月下跌到了 82 美分。这是长周期的吸筹或是派发之后经常出现的情形。一旦价格突破了吸筹或是派发的区间，紧跟其后的就是一轮快速运动。

我们观察小麦在 1906 年 3 月至 1907 年 4 月期间的构筑的底部——长达 12 个月的区间非常小的窄幅波动。1906 年 9 月，小麦价格下跌到了 75 美分每蒲式耳；一直到 1907 年 5 月才反弹到了 81 美分每蒲式耳的上方，这是持续 9 个月的吸筹，期间价格一直都是窄幅波动。1907 年 5 月，价格上涨到了 82 美分；在脱离了吸筹区间后立即快速上扬，在当月（5 月）就到达了 1 美元。当 1907 年 10 月骇人的绿色麦蚜虫出现时，小麦的价格是 1.12 美元。

从图 15 可以看到 1911 年 4 月小麦的最低价为 84 美分；1912 年 5 月上涨到 1.19 美元。随后在 1913～1914 年期间进行了长期的吸筹。在 1914 年的 6～7 月，价格再次下跌到了 84 美分，这也是在 1911 年形成的上一个最低价。从 1912 年 10 月到 1914 年 7 月，小麦价格大多数时间都在 6～10 美分每蒲式耳的区间波动，清楚地表明了这是与 1906～1907 年期间类似的新一轮大规模的吸筹。

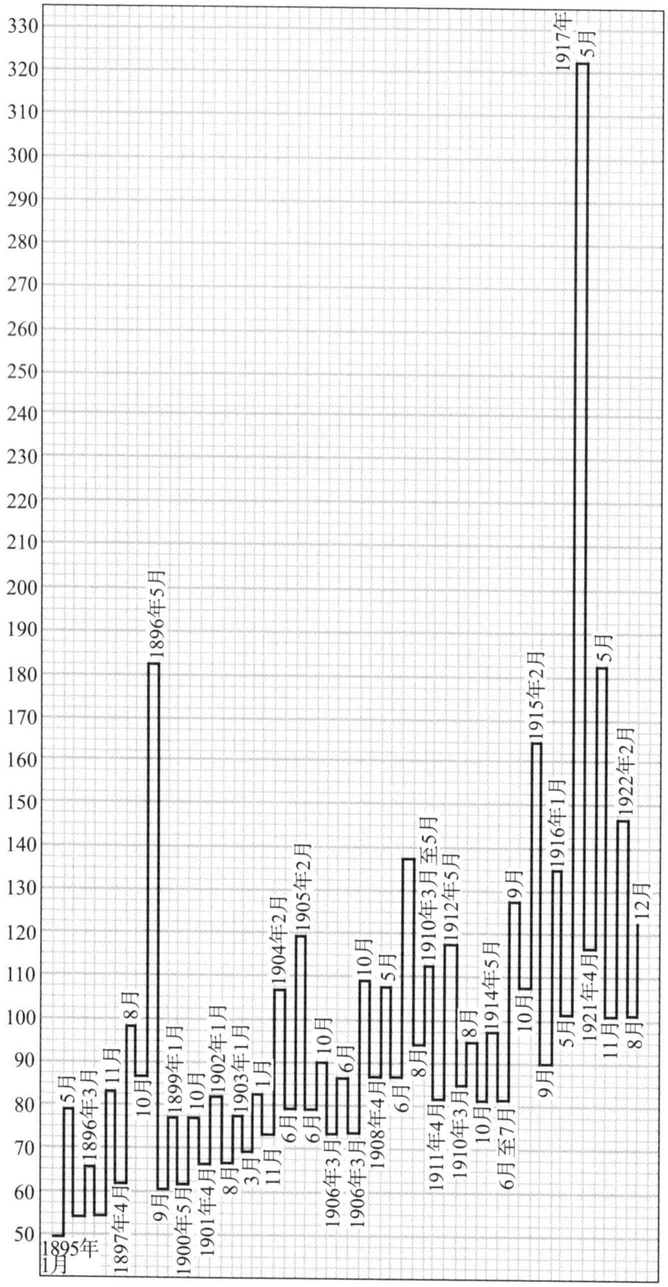


**图 15　小麦 5 月合约摆动图**

1895～1922 年

战争[1]在7月下旬爆发，上涨也开始了。当价格穿越了1.00美元的吸筹位后，就清楚地预示了一轮大幅上涨。尽管美国小麦的收成很好并且出现了严重的过剩，小麦价格还是在1914年9月上涨到了1.32美元每蒲式耳。随后调整到了1.11美元并进行了几个月的吸筹，在1915年2月上涨到了1.67美元每蒲式耳。我们能看到在这个价位停留了大约4个月进行派发。1915年9月价格下跌到了93美分；1916年1月上涨到了1.38美元；1916年5月下跌到了1.04美元。

在这之后，欧洲出现小麦短缺。来自外国的强大买盘导致小麦价格在1917年5月上涨到3.25美元。政府在此时停止了小麦的期货交易，并把小麦的现货价格限定在2.50美元每蒲式耳。1920年7月，小麦期货市场再次开始交易。12月合约的开盘价为2.75美元。之后价格持续下跌到1921年4月，5月合约下跌到了1.20美元。而随后的信贷紧缩使得5月合约在1921年5月上涨到了1.85美元。1921年11月，价格再次下跌到了1.04美元，这也是在1916年到达的上一个最低价。

如图15所示，接下来是持续几个月的窄幅波动，并进行了吸筹。1922年2月，5月合约上涨到了1.49⅞美元。从图表中我们可以看到在接下来的2月、3月和4月期间，价格都上涨到这个价位附近，但都未能超过在2月形成的顶部。1922年5月初，5月合约的价格为1.47美元，每个人都看多并希望小麦价格上涨到2美元，但是记录和反映供应和需求差异的盘势图表却清楚地告诉我们，有人在4个月以来一直以1.44～1.48美元的价格在卖出。

下跌在1922年5月出现并且非常快速，一直下跌到了1.16美元。之后小麦价格持续缓慢地走低，1922年8月，5月合约下跌到了1.05美元。随后8月、9月和10月期间，价格一直维持在1.06～1.12美元之间，接下来在1922年12月穿越了这个区间并上涨到了1.26¾美元。我们注意到1916年5月形成的最低价是1.04美元；1921年11月再次到达了相同价位；1922年8月的最低价为1.05美元，它们几乎完全相同。如果5月合约再次下跌到1.04美元，就预示着价格将会走低，并且可能持续下跌到

---

① 译注：第一次世界大战。

93～90 美分每蒲式耳；如果 5 月合约穿越了前一个最高价 1.26¾美元，则是价格将会走高的标志。

你可以绘制一张小麦、玉米、燕麦或者大麦中任何一种合约的图表，然后按照我阐述的方式审读图表，你就能够判断出吸筹和派发的区域。一旦突破这些区域，你就应当跟随趋势，并一直到趋势再次变化为止。不要毫无理由地进行交易。既不要因为价格低就买进，也不要因为价格高就卖空。我们应当等待趋势明确变化的标志出现后，再跟随趋势进行交易。

## 周线图表

小麦和玉米期货都会出现陡直的和扁平的顶部或是底部[①]。图 16 是 5 月合约最高价和最低价的周线图表。我们从图表中可以看到，1921 年 4 月 16 日，5 月合约下跌到 1.19 美元；随后反弹到了 1.32 美元附近，并在这个位置窄幅波动了 2 周；接下来在 5 月末快速上涨到了 1.85 美元。这是一个从尖底开始的直线跃升，吸筹仅仅只用了 2～3 周的时间；随后就快速逼空上涨[②]到新的价位水平。

观察 1921 年 10 月至 1922 年 1 月的 5 月合约周线图表，我们可以清楚地看到超过了 14 周的吸筹，而且价格在这期间从来没有低于 1921 年 11 月 5 日的最低价 1.03½美元。长期没有跌破最低价表明正在吸筹，但是如果我们继续等待明确的标志，也就是价格脱离吸筹区域到达了 1.20 美元，那么我们就可以抓住迅速上涨的机会，每蒲式耳在接下来 4 周内上涨了 28 美分。

1922 年 2 月 27 日，价格到达了 1.49⅞美元后，我们注意到发生了一轮陡直的下跌，价格下跌到了 1.30 美元；并在这里窄幅波动了 4～5 周，于 4 月 1～8 日左右到达了最低价 1.28½美元；随后反弹到了 1.49 美元。价格在这里停滞了一下，没有穿越 2 月的最高价，接下来派发持续进行了 5 周，我们有足够的时间卖出多头头寸并转为卖空操作，止损单设置在 2 月和 4 月下旬最高价格上方 2～3 美分。

---

① 译注：是指尖顶和平顶；尖底和平底。

② 译注：a rapid advance on short covering 是指价格快速上涨迫使空头回补；空头回补又导致价格继续上涨，盘势上就出现了直线跃升的形态；这也就是通常所指的“逼空”走势。

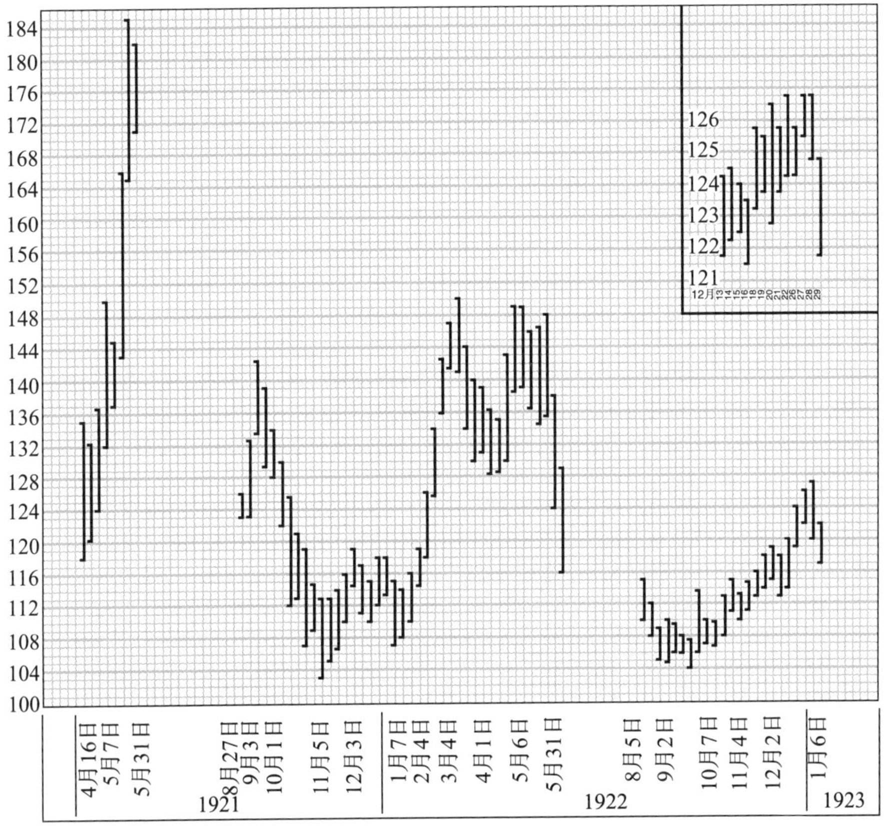


**图 16a：小麦 5 月合约最高价与最低价周线图表**

1921 年 4 月 16 日至 1923 年 1 月 6 日

**图 16b（图 16a 中右上角小图）：小麦 5 月合约最高价与最低价日线图表**

1922 年 12 月 13～29 日

在这之后，5 月合约在快速下跌之后价格缓慢走低，并在 1922 年 8 月和 9 月到达了 1.04½美元。我们注意到在这个新价位进行了 5～6 周的吸筹。在 9 月 23 日结束的那周价格脱离了吸筹区间并表明了趋势掉头向上。调整随后出现，但价格持续走高，一直到 1922 年 12 月到达了 1.26¾美元。在这时要用日线图表帮助我们在接近顶部的时候卖出。

## 日线图表

图 16b 显示 1922 年 12 月 13 日～29 日每日的最高价和最低价。我们可以看到 12 月 20 日最高价达到 1.26¾美元；12 月 22 日的最高价为 1.26½美元；12 月 27 的最高价为 1.26¾美元；12 月 28 日的最高价为 1.26½美元，并且价格从这里开始下跌。12 月 18 日的最高价为 1.25½美元，在接下来的 10 天内盈利都没有能超过 1 美分每蒲式耳以上①，就是卖出多头头寸并转为卖空操作的标志。因此，我们可以发现，日线图表能够在周线图表或是月线图表显示主要趋势变化之前，帮助我们看出细小的变化，并让我们在接近顶部或是底部时进场买进或卖出。但是，日线图表会经常愚弄我们，因为它持续的时间很短，并且会在主要趋势实际上没有任何变化的情况下出现很多与其相反的佯动。

## 判定趋势的变化

通过学习和积累经验，并把市场的表现考虑进去，我们就能经常快速地判断出趋势的重要变化。当然，我们无法获得玉米和小麦的准确日成交量；因此只有一个办法来判断何时出现了巨大的成交量，这就是快速的波动。例如：

假设 5 月合约一天中的价格在 1.24～1.26 美元之间波动，但是在最高价与最低价之间波动了 5～6 次；也就是说在相同的价格区间上下运动。这样我们就可以推断出大量交易正在进行，有人在 1.26 美元价格附近大量卖出；有人则以 1.24 美元的价格大量买进。如果第二天下跌至 1.24 美元下方，就表明了支撑已经被撤销；如果上涨到了 1.26 美元上方，就表明以 1.26 美元供应的小麦已经被吸纳，并且价格将会继续走高。但是，假设一天内的价格也在 1.24～1.26 美元之间，只是开盘价为 1.24 美元，随后上

① 译注：这个句子跟前文看似矛盾。译者核对了当时的价格数据后认为可能是以下原因：在当时的芝加哥交易所，小麦的标准合约是 5000 蒲式耳，买进或是卖出 1 份合约的佣金是 15 美元，换手一次的佣金为 0.6 美分每蒲式耳。因此，尽管在本自然段前面中提到“12 月 27 日的最高价为 1.26¾美元”，相对于“12 月 18 日的最高价 1.25½美元”，价格上涨超过了 1.25 美分，但是在实际交易中扣除佣金和其他费用之后只有 0.85 美分，因此并不能获得 1 美分的盈利。

涨到 1.26 美元，中间没有任何的向上或是向下的逆向运动，我们就可以因此推断成交量并不是很大，不足以表明市场正在为任何即将出现的趋势变化做好了准备。

## 供应和需求

一旦市场开始上涨就会持续向上，一直到供求平衡时的价位；然后价格会停滞。如果供应继续增加并超出需求，价格就会开始下跌。

无论是长期的下跌或是长期的上涨[①]，如果在某个价位供应被吸筹，价格就会到达新的价位；这里会遭遇更大规模的供应，如果仍然被吸纳，就会最终到达一个价位。在这个价位供应大幅度超过了需求，派发就发生了，价格的长期趋势就会向下。这就是为什么在底部或顶部时，会需要很长时间进行吸筹或是派发，然后才会开始一轮大幅运动。

在趋势逆转后的第一次或是第二次市场停滞期间，我们如果买进或是卖出就会不可避免的赔钱。因为很明显，这样的停滞期是为了在这个价位吸纳供应或是供应于派发，在此之后主要趋势还会运动到下一个价位。也就是这个原因，对抗趋势毫无价值——必须要跟随趋势。假如我们逆势[②]抓住一次快速的逆转并获得了小额盈利，要赶紧兑现而不是期望会有更多的盈利。同时，我们在交易的时候要设置止损单做保护，不要在对抗趋势的过程中伤害到自己。

## 如何选择经纪人

最后，也是尤其重要的事情，我们要选择一个可靠的经纪人。过去的几年里，因为选择了不可靠的经纪人，投资者已经损失了几千万美元。因此，如果我们获得了本金或是盈利，与懂得如何买进或是卖出同样重要的事情就是要知道我们的钱是安全的。

---

① 译注：这里阐述的是期货，筹码是双向的。

② 译注：跟主要趋势相反的方向。

我们要进行有效的调查以确保我们的经纪人是安全可靠的，不仅要调查他的财务状况，而且要确认他个人及其公司是否有投机行为。如果经纪人自己投机，允许其他人用公司的钱或者客户资金进行投机活动，我认为这样的经纪人是不安全的。

对于那些不是纽约证券交易所、纽约棉花交易所或芝加哥交易所的会员，我不建议在他们那里做交易。尽管其他交易中心的会员也有一些诚实可靠的经纪人。因此在开户之前，一定要对该交易所的资信状况进行调查。

我自信已经写明了投资者获得成功所需要的知识，这些知识是很实用的，基于我在股市上多年的经验，是我辛苦工作的成果。如果读者多次认真翻阅本书，我相信读者每次都会发现有利于自己的新东西和新理念。如果投资者遵循本书的指导，进行稳健的交易，不在任何时候毫无理由地买进或是卖出一只股票，也不因为着急而匆忙地进场或是离场，那么我能保证他会取得成功，我也相信在几年后他会感谢我，因为我给他指明了成功投资与投机的正确道路。

**威廉·D·江恩**